ARCHITEKTUR

WERKBETRACHTUNGEN VON DER ANTIKE BIS ZUR GEGENWART

Gabriele Betz

Ernst Klett Schulbuchverlag Leipzig
Leipzig Stuttgart Düsseldorf

Arbeitsheft für den Kunstunterricht an allgemeinbildenden Schulen ab Kl. 10

Zitate sind durch Kursivschrift ausgezeichnet.
Quellentexte sind in dieser Schrift gesetzt.

✘ bezeichnet Arbeitsaufträge, die in Form von Projekten erarbeitet werden können.

Unter der Internetadresse http://www.klett-verlag.de/lehrer/kunst/architektur finden Sie weitere links zu einzelnen Themenbereichen aus dem Heft.

Umschlagmotiv:
MVRDV: WoZoCo-Appartementhaus, Amsterdam.
Foto: © Christian Richters, Münster

Gedruckt auf Papier aus chlorfrei gebleichtem Zellstoff, säurefrei.

1. Auflage 1 5 4 3 2 | 2004 2003

Alle Drucke dieser Auflage können im Unterricht nebeneinander benutzt werden, sie sind untereinander unverändert.
Die letzte Zahl bezeichnet das Jahr dieses Druckes.

Internetadresse: http://www.klett-verlag.de

Redaktion: Dr. Ilas Körner-Wellershaus
Repro: Huth & Möller, Leipzig
Druck: Offsetdruck Manfred Dörler, Aichwald

ISBN 3-12-207070-7

Inhalt

Grundlagen der Architektur		
Werkstoffe		4
Konstruktion		5
Bauelemente/Das Dach		6
Maß, Zahl, Proportion		7
Farbigkeit in der Architektur		8
Planerischer Entwurf		9
Architekturwettbewerbe		9
Sakrale Baukunst		
Griechische Antike	Der Parthenon, Athen	10
Römische Antike	Das Pantheon, Rom	11
Romanik	Die Abteikirche Maria Laach, Eifel	12
Gotik	Die Kathedrale Notre-Dame, Amiens	14
Renaissance	Bramante: Tempietto, Rom	16
Barock	Neumann: Klosterkirche Neresheim	18
20. Jahrhundert	Böhm: Wallfahrtskirche Neviges	20
Profane Baukunst und Wohnbau		
Griechische Antike	Das Theater von Epidauros	22
Römische Antike	Die Villa dei Misteri, Pompeji	23
Gotik	Das Rathaus von Münster	24
Renaissance	Alberti: Palazzo Rucellai, Florenz	26
Barock	Dientzenhofer: Schloss Weißenstein, Pommersfelden	28
Klassizismus	Schinkel: Altes Schauspielhaus, Berlin	30
Jugendstil	Horta: Haus Tassel, Brüssel	32
Klassische Moderne	Le Corbusier: Wohnhaus Weißenhofsiedlung, Stuttgart	34
Neue Bauaufgaben im 19./20. Jahrhundert		
Bahnhöfe	Eggert/Schwedler: Hauptbahnhof Frankfurt/Main	36
Siedlungsbau	Taut: Hufeisensiedlung, Berlin-Britz	38
Waren- und Geschäftshäuser	Mendelsohn: Kaufhaus Schocken, Chemnitz	40
Bürohochhäuser	Mies van der Rohe: Seagram Building, New York	42
Kulturbauten	Abel/Gutbrod: Konzerthaus Liederhalle, Stuttgart	44
Vielzweckhallen	Mutschler/Otto: Multihalle, Mannheim	46
„Stadtzeichen“	Moore: Piazza d'Italia, New Orleans	48
Banken und Versicherungen	Foster: Hongkong & Shanghai Bank, Hongkong	50
Verkehrsbauten	Calatrava: TGV-Bahnhof, Lyon-Satolas	52
Museums- und Ausstellungsgebäude	Piano: Fondation Beyeler, Riehen	54
Museums- und Ausstellungsgebäude	Libeskind: Jüdisches Museum, Berlin	56
Industriebau als Imageträger	Hadid: Feuerwehrhaus der Firma Vitra, Weil a. Rhein	58
Wohnen im Alter	MVRDV: WoZoCo-Appartementhaus, Amsterdam	60
Glossar		62
Bild- und Textquellennachweis		64

Traditionelle Werkstoffe

Der „klassische" Werkstoff zum Bauen ist der Stein, zugleich Synonym für eine stand- und dauerhafte Architektur. Stein um Stein aufgeschichtet ergibt die Mauer, die sich zur Außenhülle eines Gebäudes formt.
Die landläufige Bezeichnung „Stein" ist allerdings sehr unspezifisch und umschließt gebrochene und behauene **Natursteine** ebenso wie durch bestimmte Prozesse hergestellte „Backsteine" oder „Kalksandsteine".
Natursteine werden für Neubauten heute kaum noch verwendet – zumindest nicht für massive Mauerwerke, weil sie zu teuer sind und zu aufwändig bearbeitet werden müssen. Häufig praktiziert wird aber die Verblendung von Gebäuden, die beispielsweise aus Beton errichtet wurden, mit verschiedenen Natursteinsorten.

1 Mario Botta: Kapelle auf dem Gipfel des Monte Tamaro, Tessin, 1995, Natursteinfassade

Bis in das späte 19. Jahrhundert hinein waren Natursteine zusammen mit Holz, Lehm und gebrannten Mineralienmischungen (Ziegel, Backstein, Klinker) die wichtigsten Baustoffe.
Die antiken Tempel waren oft aus Marmor errichtet, die Sakralbauten der Romanik aus massivem, behauenem Naturstein erbaut. Die Fachwerkhäuser des Mittelalters bestanden aus einem Holzskelett (dem Fachwerk), das mit Bruchsteinen aufgefüllt und verputzt wurde. An den florentinischen Stadtpalästen bevorzugte man die so genannte „Rustika", ein Mauerwerk aus grob behauenen Quadersteinen, während man im Barock gemauerte Fassaden oft mit Marmorplatten verkleidete.

Neue Werkstoffe

Neben diesen traditionellen Werkstoffen haben sich seit Ende des 19. Jahrhunderts eine ganze Reihe weiterer Baumaterialien etabliert. **Beton** ist der wichtigste neue Baustoff, von dem heute allein in Deutschland jährlich 1,3 Kubikmeter je Einwohner verbaut werden.
Genau genommen ist Beton ein sehr altes Material: Bereits die Phönizier und die Römer nutzten einen betonähnlichen Stoff, *opus caementitium* genannt (vgl. Seite 11). Doch die Erfindung geriet in Vergessenheit und wurde erst im 19. Jahrhundert wiederbelebt. 1868 legte der Pariser Gärtner Joseph Monier ein Drahtnetz in eine Betonschicht und erfand damit den zunächst Eisenbeton genannten Werkstoff, der später zum **Stahlbeton** wurde.
Das Einlegen von Stahldrähten sorgt für die nötige Zugfestigkeit des Betons. Ohne Armierung würden Betondecken unter ihrem eigenen Gewicht einbrechen. Beton wurde zum zentralen Baustoff des 20. Jahrhunderts und ermöglichte eine neue Architektursprache, weil Beton in flüssiger Form gießfähig, damit frei formbar, preiswert und dauerhaft ist. Mit vorgespannten Armierungen lassen sich zudem große Spannweiten realisieren.

2 Zaha Hadid: Pavillon auf der Landesgartenschau, Weil am Rhein 1999, Betonbau

Mit der Industrialisierung des 18. Jahrhunderts kamen vorgefertigte Teile aus **Gusseisen** an den Bau: Stützen in Gebäuden und ganze Brücken wurden so errichtet. Später ersetzte der preiswertere Beton diese Tragwerke, noch später kam Stahl hinzu.

3 Ingenieurbau aus Stahl: Schiffshebewerk, Niederfinow 1926–1933

Stahl lässt sich in beliebige Formen verarbeiten, vorfertigen und ist weit dehnbarer als das spröde Gusseisen. Heute dient Stahl vor allem zur Fertigung von Skelettbauten. Vor allem in den USA und Großbritannien bestehen die Tragwerke von großen Gebäuden meist aus Stahlträgern, die zum Schluss verkleidet werden.
Der Fortschritt bei der Materialtechnologie bringt immer speziellere Werkstoffe hervor und verleiht bewährten Materialien neue Eigenschaften. **Glas** zum Beispiel kann dank verbesserter Wärmeschutzeigenschaften heute großflächig an Fassaden eingesetzt werden. Aufgrund dieser Optimierung lässt sich der Traum von der transparenten, entmaterialisierten Architektur realisieren.

4 Peter Zumthor: Kunsthaus Bregenz, 1991–1997

Kunststoffe führen zwar noch eine Randexistenz am Bau, doch lassen sich mit glasfaserverstärkten Kunststoffen (GfK) schon heute Brücken und ganze Gebäude bauen – vorgefertigt in der Fabrik, montiert vor Ort. Das Dach des Olympiastadions in München besteht aus zahllosen Plexiglas-Platten, die auf einem gespannten Stahlnetz fixiert sind. Textile Werkstoffe dienen als Basis für membranartige Dachkonstruktionen, die verspannt eine räumliche, dünne Hülle bilden. Auch Beton wird in absehbarer Zeit nicht mehr mit Stahleinlagen versehen. Für Zugfestigkeit sorgen dann textile Netze, die leichter zu verarbeiten sind, nicht korrodieren und filigranere Konstruktionen erlauben.
Umgekehrt findet auch eine Rückbesinnung auf organische Materialien wie **Holz** statt. Leicht zu verarbeiten und relativ preiswert ist es sogar für große Tragwerke wie das Expo-Dach von Thomas Herzog in Hannover geeignet.

5 Thomas Herzog: Expo-Dach, Hannover, 2000

Massivbauweise

Gegenüber der Skelettbauweise zeichnet sich die Massivbauweise dadurch aus, dass Raumabschluss und tragende Funktionen identisch sind.

Das einfachste Beispiel einer Massivbauweise ist die gemauerte Wand, die aus natürlichen oder künstlichen Baustoffen (vgl. Seite 4) gefügt sein kann. Elemente der Massivbauweise besitzen ein großes Eigengewicht und können hohe Druckkräfte, aber nur geringe Zugkräfte aufnehmen. Tür- und Fensteröffnungen sind daher vergleichsweise schmal und entweder durch waagrechte Balken oder Mauerwerksbogen überbrückt. Die kubischen Baukörper romanischer Basiliken sind beispielsweise in Massivbauweise errichtet (vgl. Seite 12 f).

1 Abteikirche Maria Laach, Eifel

Skelettbauweise

Im Gegensatz zum Massivbau ist der Skelettbau eine Bauweise, bei der ein Rahmengerüst, bestehend aus einem System von Gliedern wie Balken und Stützen die Tragfunktion übernimmt. Die auftretenden Kräfte werden also nicht über das Mauerwerk, sondern über den Rahmen abgeleitet. Die als Raumabschluss dazwischen gespannten Wände müssen nur ihr Eigengewicht aufnehmen, weshalb diese Bauweise große Fensteröffnungen ermöglicht. Das Skelett kann nach außen sichtbar bleiben, verputzt oder verkleidet werden.

Klassische „Skelettbauten“, bei denen das Stützsystem nach außen hin sichtbar blieb, sind die skelettartigen, steinernen Konstruktionen der gotischen Kathedralen (vgl. Seite 14 f).

Traditionelle **Skelettbauten aus Holz** sind die Fachwerkbauten. Ihr konstruktives Prinzip basiert auf Ständern bzw. Pfosten, die in bestimmten Abständen auf einer im Fundament verankerten Schwelle stehen. Der waagrecht auf den Ständern liegende Rahmen überträgt das Gewicht der Geschossdecken auf die Ständer, die es vertikal ins Fundament ableiten.

Gegen Ende des 19. Jahrhunderts fand der neue Baustoff Stahlbeton (zu damaliger Zeit oft noch als Eisenbeton bezeichnet) verstärkt Anwendung, zunächst vorwiegend im Fabrik- und Kaufhausbau. Die Konstruktion des Kaufhauses Schocken in Chemnitz, 1930, von Erich Mendelsohn (vgl. Seite 40 f) ist als **Stahlbetonskelettbau** ausgeführt, der mit Mauerwerk ausgefacht ist. Indem der Architekt die Stützkonstruktion nicht ganz bis zur Fensterfront vorzog, konnte er die Fassade mit durchgehenden Fensterbändern gestalten und ihr eine „schwebende“ Wirkung verleihen.

2 E. Mendelsohn: Kaufhaus Schocken, Chemnitz

Vergleichbar mit dem Holzfachwerk ist die **Stahlskelettbauweise**. Im Gegensatz zu Holz besitzt Stahl allerdings eine deutlich höhere Elastizität und kann größere Lasten aufnehmen (vgl. Seite 4). So lassen sich mit geringerem Stützenquerschnitt (Profilstärke) größere Spannweiten erzielen.

Besonders der deutsche Architekt Ludwig Mies van der Rohe erprobte in der ersten Hälfte des 20. Jahrhunderts die konstruktiven Gestaltungsmöglichkeiten des Stahlskelettbaus. Bereits 1922 prangerte er die im Hochhausbau in den USA gängige Praxis an, das während des Baus sichtbare tragende Stahlskelett im Nachhinein mit Mauerwerk und dekorativen Details zu verkleiden. Als Konsequenz daraus errichtete van der Rohe 1954–1958 das Seagram Building in New York, ein Hochhaus, bei dem tragendes Skelett und Wand gänzlich voneinander unabhängig sind (vgl. Seite 42 f). Vor die tragende Rahmenkonstruktion aus Stahl „hängte“ der Architekt nichttragende Fassadenteile aus Glas, den so genannten „curtain wall“.

3

L. Mies v. d. Rohe: Seagram-Building, New York

Räumliche Tragwerke

In der zweiten Hälfte des 20. Jahrhunderts begannen viele Architekten, mit räumlichen Tragwerken zu experimentieren.

Konstruktiv gesehen ist das räumliche oder formaktive Tragwerk ein dreidimensionales Rahmenwerk, in dem alle Glieder miteinander verbunden sind und als Einheit wirken. Durch die räumliche Verspannung der Bauteile können Kräftefluss und Lastabtragung auf mehrere Raumebenen verteilt erfolgen. Daher lassen sich mit räumlichen Tragwerken sehr große Räume stützenfrei überspannen.

Man unterscheidet räumliche Stab- oder Fachwerke, Gitterschalen, Seilnetztragwerke, Zelte und pneumatische Konstruktionen (luftgetragene Bauten).

Bei der Multihalle in Mannheim (vgl. Seite 46 f) entwickelten die Architekten Carlfried Mutschler und Frei Otto 1975 aus einfachen Dachlatten und deren Verlegung in einem gleichbleibenden Raster von 50 x 50 Zentimetern eine dreidimensionale Gitterschale. Die Form wurde anhand eines Modells gefunden, die Berechnung des leichten Tragwerks und die Bestimmung der 34.000 Gelenkpunkte konnte nur durch Fachingenieure und mit computergestützten Verfahren erfolgen.

4 C. Mutschler/F. Otto: Multihalle, Mannheim

Die große, bogenförmige Halle des TGV-Bahnhofs in Lyon-Satolas von Santiago Calatrava besteht aus einem räumlichen Stahlfachwerk, das an den Eckpunkten im Boden verspannt ist. Die endgültige Form der dreieckigen Halle ist am Computer entstanden (vgl. Seite 52 f).

5 S. Calatrava: TGV-Bahnhof, Lyon-Satolas, 1989–94

In der Architektur gehören Wände, Stützen, Dächer, Türen und Fenster zu den Bauelementen, die für Form und Konstruktion eines Bauwerks wichtig sind.
Als oberer Abschluss eines Gebäudes hat das Dach die primäre Aufgabe, gegen Witterungseinflüsse zu schützen. Im Laufe der Jahrhunderte haben sich die unterschiedlichsten Dachformen entwickelt (Bild 6.6), so dass die Gestalt eines Daches über die Funktion des Schützens hinaus das Aussehen des Baukörpers mitbestimmt.
Dachflächen werden durch Traufen, Firste und Giebelkanten begrenzt. Während *Traufen* den unteren Abschluss bilden, begrenzt der *First* das Dach als oberste Dachkante. Den seitlichen Abschluss der Dachflächen bilden die *Giebelkanten.*
Auf die Wand bezogen können Dächer ausladend, abgesetzt oder übergangslos sein. Ausladende, tief herabgezogene Dächer, wie sie in Ländern mit viel Regen und Schnee vorkommen, betonen den behütenden Schutzgedanken.
Die Idee des „Behütens" macht sich auch die Wallfahrtskirche Notre-Dame-du-Haut in Ronchamp von Le Corbusier zunutze.

1 Le Corbusier: Notre Dame du Haut, Ronchamps

Wie ein riesiger, pilzförmiger Hut ragt das aus zwei Betonschalen bestehende Dach der 1950–54 errichteten Kirche über der Außenwand auf und vermittelt gleichzeitig Erdverbundenheit und Leichtigkeit.

Eine Entwicklung der Barockzeit ist das Mansarddach (4), dessen Name auf den französischen Baumeister François Mansart zurückgeht. Für einen seiner Schlossbauten erfand er eine Art „abgeknicktes Dach", dessen unterer Teil steiler abfällt als der verhältnismäßig flache und kurze obere Abschnitt. Dadurch lässt sich der Dachraum leichter zu Wohnzwecken ausbauen. Diese neue Dachform wurde in vielen barocken Schlossbauten übernommen.

2 Johann Dientzenhofer: Schloss Weißenstein, Pommersfelden, 1711–1718

Unter dem Aspekt der zusätzlichen Raumgewinnung sind auch zwei andere Dachformen, das spitzwinklige Satteldach (8) und das Walmdach (3, 9) besonders für den Ausbau geeignet.

Das Flachdach ist bereits seit der Antike bekannt, wo es vor allem in regenarmen Gebieten Verbreitung fand. Beim römischen Atriumhaus (vgl. Seite 23) ließ das nach innen abgeschrägte Dach das Regenwasser in ein Becken im Boden des Atriums fließen.
In Anknüpfung an die Antike kam vor allem in Italien in der Renaissance das Flachdach wieder in Mode. Oft wurde es aber nur vorgetäuscht, wie beispielsweise beim Palazzo Medici-Riccardi in Florenz (vgl. Seite 26 f), wo ein weit auskragendes ▸ Kranzgesims das Walmdach verdeckt.
Die moderne Nutzung des Flachdachs als Freiraumform geht weit über eine funktionale Dachgestaltung hinaus.

3 Le Corbusier/Pierre Jeanneret: Einfamilienhaus in der Weißenhofsiedlung Stuttgart, 1927

Die Architekturmoderne propagierte den kubischen Baukörper mit horizontalen Fensterbändern und übergangslosem Dach. In den „Fünf Punkten zu einer neuen Architektur" (vgl. Seite 35) betont der Architekt Le Corbusier die Wichtigkeit von Flachdächern für Wohnhäuser. Dort könnten Dachgärten für die Bewohner entstehen, die zu einer höheren Qualität des Wohnens beitragen.

Im 20. Jahrhundert entwickelten sich neue Dachformen, wie beispielsweise das Hängedach (19), das Sheddach, das wegen der guten Lichtführung besonders im Fabrikbau Anwendung fand (14), das Zeltdach (13) oder die Gitterschale (vgl. Seite 46 f).

4 Gottfried Böhm: Wallfahrtskirche in Neviges

Die Erfindung des Stahlbetons ermöglichte die Herstellung großer Falttragwerke (6). Ein solches Faltdach überdeckt die Wallfahrtskirche in Neviges (vgl. Seite 20 f).

5 Frank O' Gehry: Vitra Design Museum, Weil/Rhein

Bei der Überdeckung stark gegliederter Baumassen entstehen oft regelrechte Dachlandschaften, wie bei dem skulpturalen Baukörper des Vitra Design Museums (1989). Nicht selten spiegeln sie die Raumanordnung im Inneren wider.

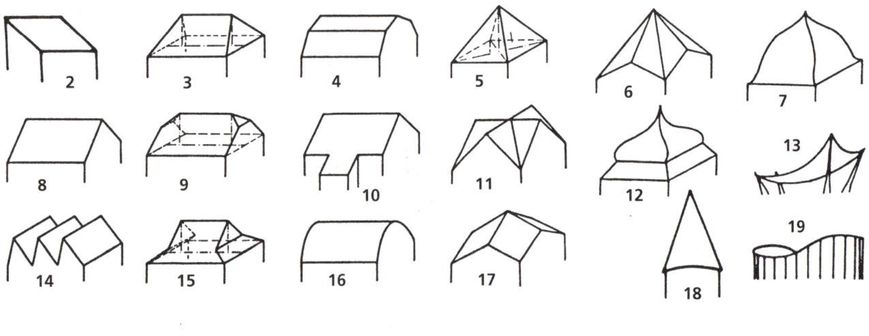

6 Dachformen:
1 Flachdach (ohne Abb.), 2 Pultdach, 3 Walmdach, 4 Mansarddach, 5 Pyramiden- oder Zeltdach, 6 Faltdach, 7 Glockendach, 8 Sattel- oder Giebeldach, 9 Krüppelwalmdach, 10 Schleppdach, 11 Kreuzdach, 12 Zwiebeldach, Welsche Haube, 13 Zeltdach, 14 Sheddach, 15 Fußwalmdach, 16 Tonnendach, 17 Helm- oder Rhombendach, 18 Kegeldach, 19 Hängedach

Maß und Zahl

In der Architektur sind Zahlen und Maße zunächst einmal technische Hilfsmittel, um die Größenverhältnisse im Entwurfsplan und für die handwerkliche Ausführung festzulegen. Daneben können Zahlen, Maße und Proportionen aber auch Ausdruck einer übergeordneten Idee sein, die sich im Bauwerk über dessen eigentliche Funktion hinaus ausdrückt.

Schon in antiken Bauwerken wurden **Zahlen** zu Trägern symbolischer Bedeutungen. Im Innenraum des Pantheons in Rom (vgl. Seite 11) befinden sich sieben Nischen, in denen in der Antike wahrscheinlich die Statuen der sieben Planetengötter (Mars, Jupiter, Merkur, Venus, Saturn, Sol und Luna) standen. Die fünf Kassettenringe der inneren Kuppelschale versinnbildlichen die Umlaufbahnen der Planeten, die um die Sonne (die Kuppelöffnung) kreisen, während die 28 Kassetten je Ring auf die Dauer eines Mondzyklus hindeuten.

Auf der Grundlage der Beobachtung von Natur und allen Erscheinungsformen des Lebens dienten die Zahlen also dazu, der kosmischen Ordnung Ausdruck zu geben und in einer dem Menschen verständlichen Weise darzustellen.

Besonders in der mittelalterlichen Kunst und Architektur spielte die **Zahlensymbolik** eine große Rolle. Besonders zentral sind die Drei, Vier, Sieben und Zwölf.

Die Drei gilt als Ausdruck der Vollkommenheit (Dreifaltigkeit, Auferstehung am 3. Tage) und findet sich beispielsweise in der Dreischiffigkeit der Kirchen von Maria Laach (Seite 12 f) und Amiens (Seite 14 f) oder in der gotischen Zierform des ▸ Dreipasses.

Die Vier hat sowohl als geometrische Bildfigur (Quadrat, Viereck, Rhombus) als auch als „Weltzahl" (Jahres- und Tageszeiten, Erdteile, Himmelsrichtungen, vier Evangelisten) große Bedeutung. Aus der Kombination von Drei (Gott) und Vier (Welt) ergibt sich die kosmische Sieben. In der Bibel erscheint sie in Verbindung mit der Schöpfungsgeschichte und bezeichnet das geschlossene und vollkommene Ganze. Sieben Pfeiler gliedern das Mittelschiff von Maria Laach, sieben Kapellen umgeben den Chorumgang von Amiens.

Die Zwölf gilt ebenfalls als heilige Zahl (12 Stämme Israels, 12 Apostel). Aus der Multiplikation der Drei (Gott) mit der Vier (Welt) entsteht das vollendete Gottesreich, das durch die Zwölf symbolisiert wird. Astronomischen Ursprungs sind die 12 Tierkreiszeichen, die 12 Monate und der 12-Stundenrhythmus von Tag und Nacht.

Proportion

Proportion bezeichnet die Maßverhältnisse einzelner Bauteile untereinander und zum Ganzen, ausgehend von einem bestimmten Grundmaß (Modul) oder von Grundfiguren wie Kreis, Quadrat oder Dreieck.

Schon die klassischen Tempel der Griechen wurden nach einem genauen Maßsystem errichtet. Sämtliche Baumaße wurden ermittelt, indem man den unteren Säulendurchmesser mit einem bestimmten Faktor multiplizierte. Dabei folgt jede ▸ Säulenordnung ihren eigenen Regeln. Die Höhe einer dorischen Säule beträgt das vier- bis sechsfache, die Höhe einer ionischen Säule das neunfache und die Höhe einer korinthischen Säule das zehnfache des unteren Säulendurchmessers.

Ebenfalls auf die Griechen geht das wohl berühmteste Gliederungsprinzip der Architektur zurück, der ▸ Goldene Schnitt.

Die Vorstellung, aus der menschlichen Gestalt die Maße aller Proportionen zu ermitteln, war vor allem in der Renaissancearchitektur von grundlegender Bedeutung.

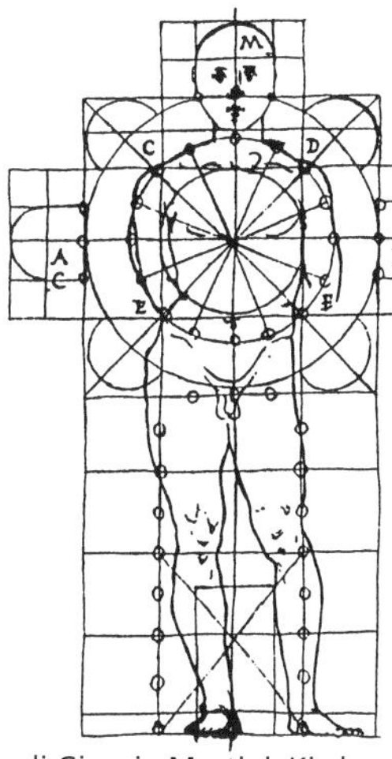

1

Francesco di Giorgio Martini: Kirchengrundriss nach menschlichen Proportionen, Ende 15. Jh.

Bei Martini ist das Mittelschiff doppelt so breit wie die Seitenschiffe und entspricht damit dem Verhältnis einer ganzen zu einer halben Hüftseite, während das Langhaus bis zum Bauchnabel reicht. Die Gesamtlänge der Kirche wird bis zum Scheitel auf $9\,^1/_4$ Abschnitte proportioniert, von denen die Füße $^1/_4$ Abschnitt, die Beine 4 Abschnitte, der Rumpf $3\,^1/_2$ Abschnitte und der Kopf $1\,^1/_2$ Abschnitte umfassen.

Ein weiteres Proportionsprinzip, das ebenfalls schon in der Antike bekannt war und in der Renaissance aufgegriffen wurde, leitet sich von musikalischen Harmonien ab. Dabei entspricht jedemTonintervall ein bestimmtes Zahlenverhältnis (der Oktave entspricht beispielsweise das Verhältnis 1:2).

2

Leon Battista Alberti: Palazzo Rucellai. Teilaufrisse der Fassade

Die Fassade des Palazzo Rucellai in Florenz (vgl. Seite 26 f) zeigt im ersten und zweiten Obergeschoss eine Gliederung nach diesen musikalischen Zahlenverhältnissen. Die etwas breiteren Wandstücke über den Portalen entsprechen einer großen (Verhältnis 5:3) und einer kleinen Sexte (8:5), die schmaleren Fensterteile einer großen (15:8) und einer kleinen Septime (9:5).

Das Proportionsschema lässt sich auch auf die Fensteröffnungen übertragen: Im ersten Obergeschoss entsprechen die Fenster über den Portalen einer großen Terz (5:4), die benachbarten Fenster einer Quart (4:3), während die Fenster im zweiten Obergeschoss alle einer großen Terz entsprechen und damit die Proportionierung der Fenster über den Portalen aufnehmen.

Ebenfalls von der menschlichen Figur ausgehend erarbeitete Le Corbusier sein Proportionsschema des „Modulors".

Dieses Schema basiert auf einer menschlichen Figur mit einer Körpergröße von 1,83 Metern. Durch Teilung des Modulors nach dem ▸ Goldenen Schnitt ermittelte Le Corbusier die Maße 1,13 Meter Bauchnabel- und 2,26 Meter Gesamthöhe und entwickelte daraus Maßreihen, die er den Proportionen seiner Bauwerke zugrunde legte.

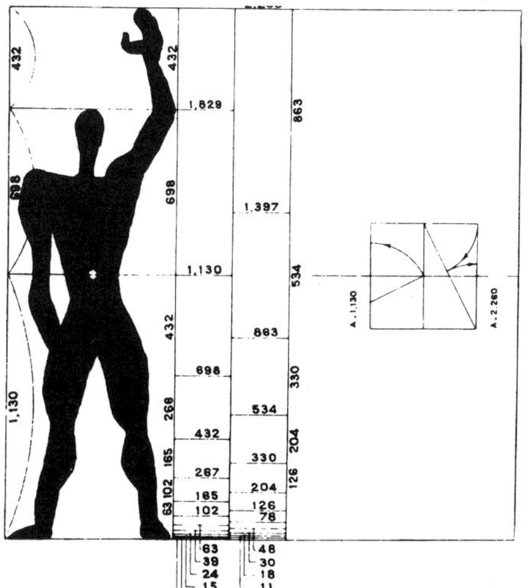

3

Le Corbusier: Der Modulor

Baugeschichte und Farbe

Farbe definiert sich allein über die optische Wahrnehmung – sie lässt sich weder hören, riechen, schmecken oder ertasten. Farbe ist ein physikalisches Phänomen aus dem Zusammenspiel von Reflektion und Absorption einzelner Wellenlängen des Lichts und entsteht erst im Kopf des Betrachters.

Farbe begleitet die Architektur durch die ganze Baugeschichte, wobei Rolle und Akzeptanz der Farbe direkt mit den ästhetischen Leitbildern der Epochen korrespondieren. Der Grad farblicher Durchdringung wie auch die bevorzugten Farbnuancen unterscheiden sich von Baustil zu Baustil erheblich. Dabei hängt die verfügbare Farbtonvielfalt direkt mit der Farbtechnologie zusammen: Erst die Möglichkeit, synthetische Pigmente zu produzieren, erweiterte die Palette witterungs- und UV-beständiger Farben um zahlreiche Töne. Zuvor war man auf die eingeschränkte Auswahl an mineralischen Pigmenten oder auf die reine Materialfarbigkeit angewiesen.

Bereits in der Antike nutzte man Farben zur Akzentuierung von Giebeln und Friese der Tempel. Entgegen der lange gehegten Vorstellung einer reinweißen griechischen Klassik war das Mauerwerk griechischer Tempel häufig nach einem bestimmten Schema bemalt oder sogar vergoldet. Für ▸ Triglyphen und Gesimsblöcke wurde leuchtendes Blau verwendet, Rot für die Räume zwischen den Gesimsblöcken und Streifen, vergoldete Bronze für die Figuren.

Während des frühen Mittelalters fand sich Farbe allenfalls in Form von Fresken in Kirchen und Kapellen, die Alltagsarchitektur blieb, wie auch in der Romanik, materialsichtig. Romanische Sakralbauten zeigen erstmals eine farbige Differenzierung von ▸ Pilastern, Bändern und Säulen durch unterschiedliche Steinmaterialien.
Im Gegensatz dazu setzte man bei gotischen Kathedralen die Farbe fast verschwenderisch ein. Neben den heute noch erhaltenen bunten Glasfenstern waren auch die Außenflächen und Portalzonen häufig farbig bemalt. Der Profanbau war dagegen deutlich farbärmer, Erdfarben prägten die damaligen Ortsbilder.

Die Renaissance verfeinerte die Farbanwendung: Fachwerkhäuser erhielten Schnitzereien und Zierbemalungen, an den Fassaden tauchten farbige Kalkputze auf.
Richtig farbenfroh wurde es nach dem vornehm weißen Barock im Rokoko. Im Zeitalter des Absolutismus gab der Schlossbau den Ton an, der Verfeinerungswille dieser Epoche brachte neben faszinierenden Illusionsmalereien auch pastellige, immer außergewöhnlichere Farben an die Fassaden.

Eine völlige Kehrtwende leitete der Klassizismus mit seiner Rückbesinnung auf die damals noch als farblos angenommene Antike ein. Die Reinheit der Form hatte Priorität, allenfalls blasse und kühle Töne waren erlaubt. Der Historismus verwendete dann wieder kräftigere Farben, die aus allen Epochen entlehnt wurden.

Im 20. Jahrhundert gewann die applizierte Farbe deutlich an Bedeutung.
Für den Siedlungsbau propagierte vor allem Bruno Taut in den 20er Jahren die individualisierende und identitätsstiftende Kraft der Farbe (vgl. Seite 38 f). Taut setzte vor allem auf stark gesättigte Töne aus dem gesamten Spektrum.

2 Bruno Taut: Wohnzeile, Berlin-Weißensee 1925/26

Die „weiße Moderne" des Bauhauses lässt sich erst nach dem Jahr 1925/26 so bezeichnen, als Walter Gropius am Dessauer Bauhaus die Farbe – abgesehen von Wandbildern – aus der Architektur verbannte. Der Holländer Mart Stam relativierte dagegen 1927 mit farbigen Fassaden den Purismus des „Neuen Bauens" in der Stuttgarter Weißenhof-Siedlung (vgl. Seite 34 f).

Die Nachkriegszeit brachte mit den schwungvollen Formen der 50er Jahre pastellige, leichte Farben ins Spiel.
Die Postmoderne wies der Farbe eine neue Rolle zu: Sie akzentuierte einzelne Bauelemente und ironisierte entlehnte Elemente aus der Architekturgeschichte mittels modischer Neon- und Bonbonfarben in Pink, Violett oder Türkis (vgl. Seite 48 f).

4 Charles Moore: Wohnhäuser Tegeler Hafen, Berlin 1985–1988

In den 70er Jahren des 20. Jahrhunderts entstand auch der Beruf des Farbgestalters, der sich auch der nachträglichen Farbgebung bestehender Komplexe widmet.
Heute folgt die Architekturfarbigkeit keinem festgelegtem Kanon mehr, vielmehr sind Anklänge an die Farbpräferenzen der Mode erkennbar. Als Nachhall der Postmoderne und als Ergebnis der technischen Verfügbarkeit fast aller Farbtöne regiert das „Anything goes".

1 Balthasar Neumann und Maximilian von Welsch: Schloss Bruchsal, ab 1720

3 Mart Stam: Reihenhaus, Stuttgart-Weißenhof 1927

5 Tobias Kammerer: Umgestaltung einer Industriehalle, Spaichingen 1999

Architektonische Entwurfsplanung

Der gestellten Bauaufgabe und ihrer Ausführung geht als vorbereitende Phase die Planung voran: der Entwurf einer Ordnung von Räumen und Bauelementen. Als eine erste Visualisierung entstehen im Anfangsstadium oft flüchtige Skizzen, die die Idee des geplanten Bauwerks umreißen.

1 E. Mendelsohn: Entwurfsskizze für das Kaufhaus Schocken in Chemnitz, 1928

Maßstäbliche Entwurfszeichnungen bilden die Grundlage zu einer genauen Ausarbeitung und späteren Ausführung der Pläne. Als wichtigste gilt seit jeher der **Grundriss**, der horizontale Schnitt. Ihm zur Seite stehen der **Aufriss**, der die Außenansicht des Bauwerks zeigt und der vertikale **Schnitt** in Längs- oder Querrichtung durch den Baukörper.

2 K. F. Schinkel: Schauspielhaus Berlin, perspektivischer Ansicht (Aufriss), 1820

Die im 20. Jahrhundert entwickelten Verfahren der **Axonometrie** und der **Isometrie** ermöglichen es, ein Bauwerk zeichnerisch in drei Dimensionen zu zeigen.

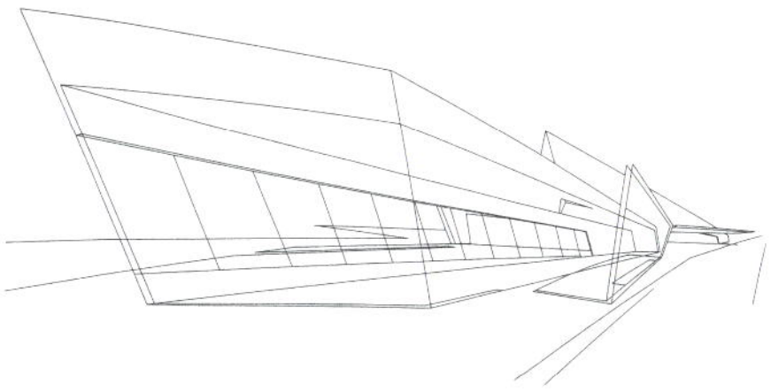

3 Zaha Hadid: Feuerwehrhaus der Firma Vitra in Weil am Rhein, isometrische Darstellung, 1993

Viele Architekten arbeiten mit **Arbeitsmodellen.** Ein **Ausführungsmodell,** wie es in Architekturwettbewerben verlangt wird, ist die realistische Darstellung des Entwurfs in verkleinertem Maßstab (Bild 9.5).

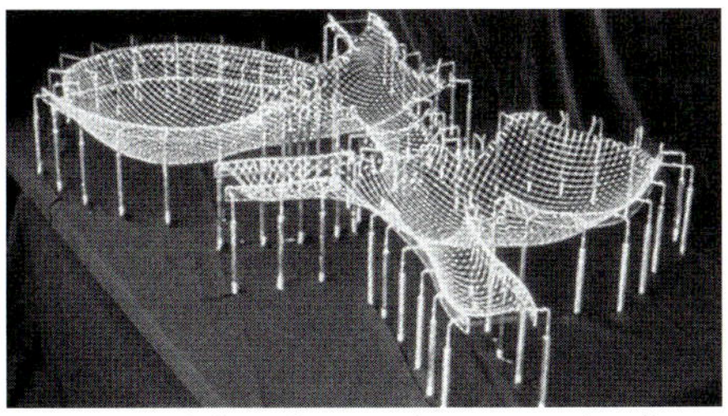

4 F. Otto: Modell aus hängenden Netzen für die Gitterschale der Multihalle Mannheim, 1975

Architekturwettbewerbe

Die griechische Vorliebe für Wettkämpfe brachte neben den zahlreichen sportlichen und künstlerischen Konkurrenzen auch den Architekturwettbewerb hervor. Für den Niketempel auf der Akropolis gibt es zum Beispiel die Überlieferung, dass alternative Entwürfe der Volksversammlung in Form kleiner Modelle zur Entscheidung vorgestellt wurden.

Das Wettbewerbswesen gilt heute als elementarer Bestandteil der Architekturentwicklung und hat sich über die Jahrhunderte von jenem antiken Prinzip kaum entfernt. Bei großen Bauaufgaben, insbesondere mit kommunaler Bedeutung, wird häufig ein Wettbewerb durchgeführt. Die Aufgabe wird von einer erfahrenen Planungsinstitution vorbereitet, da die Wettbewerbsauslobung wesentliche Forderungen an das Gebäude beinhaltet und auch den Kostenrahmen festlegt.

Nach Veröffentlichung der Aufgabe in Fachzeitschriften o. ä. kann jeder Architekt, der die Zulassungskriterien erfüllt, seinen Beitrag bis zu einer gesetzten Frist anonym abgeben.
Die Preisrichter sind zur einen Hälfte wettbewerbserfahrene Architekten und zur anderen Hälfte Repräsentanten des Bauherren. Eine entscheidende Rolle fällt dem Vorsitzenden des Preisgerichtes zu. Dieser ist immer Architekt und formuliert die Aufgabe mit. Er führt die Sitzung und schlägt die Preisränge vor. Die Jurysitzung wird protokolliert und die Entscheidung schriftlich begründet. Erst dann lüftet sich das Geheimnis, wer hinter den Arbeiten steckt. Meistens werden im Anschluss die Arbeiten unter Nennung der Verfasser öffentlich ausgestellt.

Innerhalb eines Wettbewerbs können mehrere Preise vergeben werden. Spektakuläre Detail- oder Sonderlösungen werden beispielsweise oft durch so genannte „Ankäufe“ honoriert.
Bei einem „Realisierungswettbewerb“ erhält in der Regel das Architekturbüro, das den ersten Preis errungen hat, den Zuschlag für die Planung und Ausführung des Projektes. Anders sieht es bei einem „Ideenwettbewerb“ aus: Die Preisträger können, müssen aber nicht mit einer konkreteren Folgeplanung beauftragt werden. Es gibt namhafte Architekten und Architektinnen wie Daniel Libeskind oder Zaha Hadid (vgl. Seite 50 f und 56 f), die bereits etliche Wettbewerbe gewonnen hatten, bevor ihr erstes Gebäude realisiert wurde.

Architekturwettbewerbe sind ein beliebtes Mittel, um einerseits eine öffentliche Diskussion um eine Bauaufgabe anzustoßen, und andererseits relativ zügig zu einer hochwertigen Umsetzung der gestellten Aufgabe zu kommen.
Gegenüber einer direkten Vergabe des geplanten Bauvorhabens an ein bestimmtes Architekturbüro bringt der Architekturwettbewerb zwei wesentliche Vorteile mit sich. Erstens gelingt es, viele Gremien in den Entstehungsprozess einzubinden, ohne die künstlerische Eigenständigkeit der Planer und Entwerfer zu verwässern.
Zweitens lassen sich langfristige und oft schwierige Entscheidungen anhand von konkreten Modellen und Plänen wesentlich leichter fällen und rechtfertigen. Hinzu kommt, dass bei einem Wettbewerb wesentlich mehr Entwurfsideen geboten werden als in irgend einem anderen Verfahren – und das zu vergleichsweise geringen Kosten (die Preisgelder stehen selten im Verhältnis zu den tatsächlichen Planungskosten).
Dabei wird häufig eine höhere Qualität erzielt als bei einer direkten Vergabe. Das liegt unter anderem auch daran, dass sich vor allem junge Architekten einen Namen machen wollen. Für junge Architekten und Architektinnen ist ein gewonnener Wettbewerb häufig der Durchbruch zum Erfolg. Den umfangreichen Hürden zum Trotz beteiligen sich daher immer mehr Architekturbüros an ausgeschriebenen Wettbewerben. Inzwischen ist es üblich, sowohl Zulassungsbeschränkungen als auch zwei oder drei Bearbeitungsstufen vorzusehen.

Vor allem sind Architekturwettbewerbe das Forum, auf dem neue Entwicklungen zuerst wirksam werden – ein nicht unwichtiger Aspekt. Immerhin muss das Bauwerk auch nach seiner Fertigstellung (und Jahre später) immer noch modern erscheinen, denn den mächtigen Geldgebern geht es unter anderem auch um das Prestige und ihren Beitrag zur (Kunst-) Geschichte.

Till Schweizer, 2000

5 Internationaler Wettbewerb für ein neues Hochhaus im Frankfurter Bankenviertel, 1999

10.1 Parthenontempel, Akropolis, Athen
448–443 v. Chr.
Heutiger Zustand
Architekten: Kallikrates und Iktinos

10.2 Grundriss:
1 Ringhalle, 2 Vorhalle, 3 Cella, 4 Kultbild, 5 Schatzkammer (Parthenon), 6 Rückhalle

10.3 Innenraum der Cella (Rekonstruktion)

1

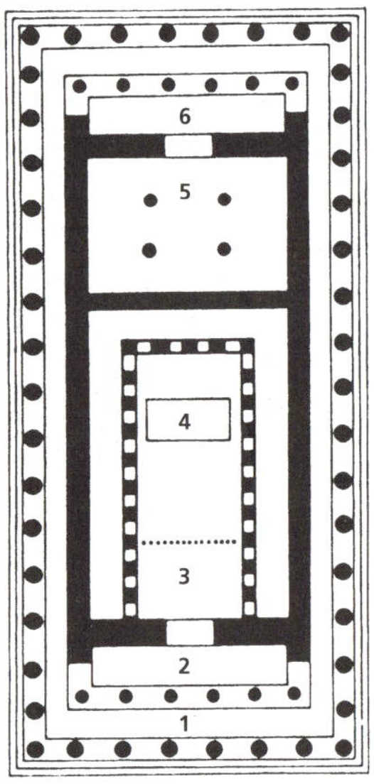

2

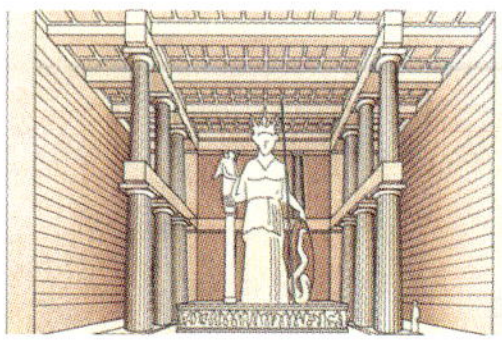
3

Der griechische Tempel entwickelte sich im 8. und 7. Jahrhundert v. Chr. mit dem aufkommenden Kult der Verehrung von Götterbildern. Die frühen Tempel variieren das Grundthema eines rechteckig umschlossenen Raumes (*Cella*), der das Götterbild enthielt, mit einem Säulenvorbau (*Portikus*).
Die späteren, komplexeren Tempel haben mehrere Innenräume, Vorhallen an den Schmalseiten und Umgänge mit Säulenreihen an den Längsseiten. Die gesamte Tektonik des Tempels leitet sich aus dem Holzbau ab, tragende und lastende Bauelemente sind klar unterschieden.

Nach der Zerstörung Athens durch die Perser (480 v. Chr.) wurde die Akropolis, der Burghügel über der Stadt und heiliger Bezirk der Athener, neu bebaut. Zentrales Bauwerk auf der Akropolis ist der aus weißem Marmor errichtete Parthenon, der Tempel der Schutzgöttin Athena (Bild 10.1).
In seiner architektonischen Form ist der Parthenon ein dorischer (▶ Säulenordnung) Ringhallentempel *(Peripteros)* mit doppelseitiger Giebelfront und umlaufender Säulenhalle (*Peristasis*, Bild 10.2). Das Bauwerk steht auf einem dreistufigen Unterbau (*Krepis*). Statt der üblichen sechs Säulen an der Schmalseite besitzt der Parthenon acht. Die Längsseiten bestehen bei Anwendung der klassischen Proportionsregel 1:(2+1) folglich aus 17 Säulen. Diese Verbreiterung kam dem Innenraum entgegen, der sich ungewöhnlich weit gegen die umlaufenden Säulen vorschiebt.

Die überbreite Cella war durch eine Quermauer in zwei ungleich große Räume aufgeteilt. Der östliche Raum wies eine ungewöhnliche Gliederung auf. Eine an drei Seiten umlaufende, zweigeschossige Säulenreihe rahmte die von Phidias, dem berühmten Bildhauer der Antike, aus Gold und Elfenbein geschaffene Statue der Schutzgöttin Athena Parthenos (Bild 10.3). Dieser Raum war also auf die Wirkung des monumentalen Standbildes hin konzipiert. Der westliche Raum, in dem vier Säulen die kassettierte Holzdecke trugen, beherbergte die Schatzkammer des Attischen Seebundes.
Das Bauwerk erweckt den Eindruck perfekter Symmetrie. Dies zu erreichen, gelang den Baumeistern allerdings nur durch genau berechnete, optische Korrekturen. Alle geraden Linien, egal, ob sie horizontal oder vertikal verlaufen, wirken aus der Entfernung gesehen in der Mitte leicht konkav gewölbt. Daher weisen die Säulen der griechischen Tempel in Längsrichtung eine leichte Schwellung auf. Die Säulen des Parthenon sind außerdem um 6 Zentimeter nach innen geneigt. Zudem ist die horizontale oberste Stufe, auf der die Säulen stehen (*Stylobat*) von der Mitte ausgehend an den Schmalseiten um etwa 6 Zentimeter und an den Längsseiten um etwa 11 Zentimeter nach oben gekrümmt. Als weitere Maßnahme wurden die Abstände zwischen den Säulen, die den Ecken am nächsten stehen, verkleinert, denn aus der Distanz erscheinen die Abstände, selbst wenn sie mathematisch genau gleich sind, unterschiedlich groß.

1

11.1 Pantheon, Rom
118–128 n. Chr.
Gesamtansicht

11.2 Grundriss

11.3 Schnitt durch das Pantheon mit einbeschriebener Kugel

11.4 Innenansicht

Von allen Tempeln, die in Rom zu finden sind, ist keiner so hervorragend wie das Pantheon, das man heute die Rotonda nennt. Der Bau ist so vollständig erhalten, dass man ihn immer noch wie zur Zeit seiner Entstehung sieht. Pantheon nannte man den Tempel, da er dem Jupiter wie auch allen anderen Göttern geweiht war. Und Rotonda hieß er im Volk vielleicht deshalb, da er – wie einige meinen – ein Abbild der Welt darstellt.

Andrea Palladio, *Über das Pantheon*, 1570

Nachdem an gleicher Stelle zwei kleinere römische Tempelbauten Bränden zum Opfer gefallen waren, entstand das Pantheon, der „allen Göttern" geweihte Tempel zwischen 118 und 125 n. Chr. unter Kaiser Hadrian völlig neu. Der ganz nach innen gerichtete, monumentale Zentralbau ist der einzige aus der Antike erhaltene Kuppelbau.

Das Pantheon setzt sich aus drei verschiedenen Bauteilen zusammen (Bild 11.1, 11.2). Acht korinthische Granitsäulen (▸ Säulenordnung) tragen den ▸ Architrav der Vorhalle. Im Innenbereich der Vorhalle bilden zwei Säulenreihen mit je vier Säulen drei kurze Schiffe. Die seitlichen Schiffe enden in halbrunden Apsiden, das mittlere führt zu einem schmalen rechteckigen Zwischenbau, von dem aus man durch eine Bronzetür in das Innere des Tempels, die eigentliche ▸ Cella, gelangt.

Der Innenraum wirkt durch Marmorintarsien und Stuckverkleidungen sehr kostbar. In die sechs Meter dicke Wand des zylindrischen Zentralbaus sind abwechselnd vier rechteckige und drei halbrunde Nischen eingetieft, in denen in der Antike vermutlich die Statuen der sieben Planetengötter standen. Die Wandabschnitte zwischen den Nischen – es sind die Innenseiten von acht mächtigen Pfeilern – werden durch ▸ Architrave zusammengefasst und tragen die Hauptlast der Kuppel. Vor den Nischenöffnungen steht je ein korinthisches Säulenpaar aus Marmor.

Die beeindruckende Wirkung des Innenraums beruht auf der gleichen Größe von Durchmesser und Höhe. Grundprinzip des Raumentwurfs ist die mathematische Figur der Kugel (Bild 11.3). Die Kuppel setzt genau auf halber Höhe des Innenraums an und bildet eine exakte Halbkugel von 43,30 Metern Durchmesser.

Möglich wurde eine solche Spannweite in einem römischen Bauwerk durch die Erfindung des Gussmörtels (*opus caementitium*), einem betonartigen Baustoff aus Kalk, Bruchsteinen und Wasser. Die statischen Möglichkeiten dieses nur auf Druck beanspruchbaren Materials waren natürlich dennoch begrenzt. Um die Kuppel leichter zu machen, gaben die römischen Baumeister deshalb dem Gussmörtel von unten nach oben unterschiedliche Mengen vulkanischen Gesteins wie Tuff und Bims bei. Die Druckkräfte aus der Kuppel werden durch ein im Mauerwerk verborgenes System von Längs- und Querrippen aus Ziegelstein abgeleitet.

Die Belichtung erfolgt durch eine einzige kreisrunde Öffnung im Scheitel der Kuppel (*Opaion*), das einen Durchmesser von 8,72 Metern besitzt. Fünf Kassettenringe mit je 28 ursprünglich bronzeverkleideten und vergoldeten ▸ Kassetten bedecken die innere Kuppelschale (Bild 11.4). Die Größe der Ringe nimmt zum Scheitelpunkt hin kontinuierlich ab. Um die Wölbung zusätzlich zu betonen, sind die Abstufungen der Kassetten nicht auf den Mittelpunkt des Raumes, sondern auf den Mittelpunkt des Fußbodens bezogen. Die nach unten abnehmenden Schatten des einfallenden Lichts verstärken die schwebende Wirkung der Kuppel.

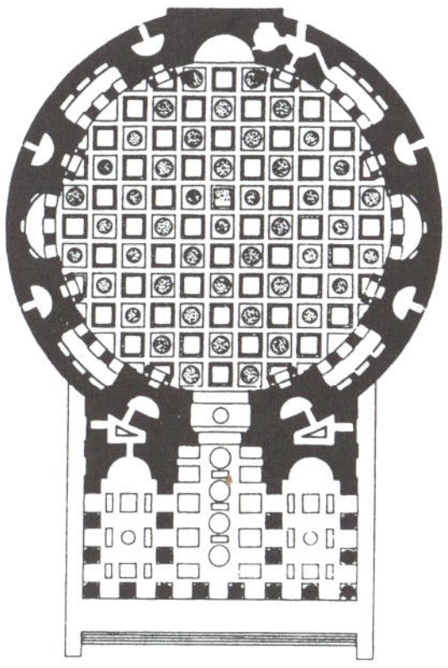

2

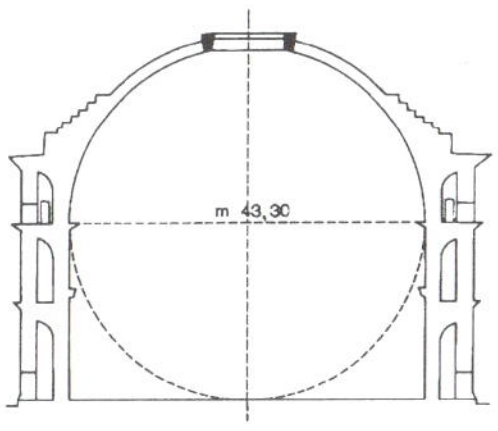

3

4

12.1 Abteikirche des Benediktinerklosters Maria Laach in der Eifel. 1093–Anfang 13. Jahrhundert
Außenansicht von Nordwesten

1

Religion und Feudalismus prägten um die Zeit der Jahrtausendwende die mittelalterliche Gesellschaft. Unter Otto I., 962 vom Papst zum Kaiser des Heiligen Römischen Reiches deutscher Nation gekrönt, gelang nach Jahren der politischen Instabilität erstmals wieder eine Konsolidierung der inneren Verhältnisse. Die Kirche und ihre Klöster, die wichtigsten Kulturträgerinnen jener Zeit, erhöhten ihren Machteinfluss. Es setzte, besonders im Sakralbau, eine rege Bautätigkeit ein.

Neben dem Rundbogen ist in der Baukunst der Romanik die Addition eigenständiger, plastisch durchgeformter Bauglieder (Quader, Würfel, Zylinder, Prisma) das auffälligste Stilmerkmal. Die Romanik zeichnet sich durch den Zusammenschluss von Räumen und raumbildenden Elementen verschiedener Größe, Richtung und Funktion zu einem komplexen Raumgefüge aus. Die aneinander geschobenen und gestaffelten Teilkörper erreichen ihre Wirkung erst durch dieses additive Prinzip.

12.2 Grundriss:
1 Hauptapsis, 2 Hauptchor mit Hauptaltar, 3 Vierung mit Mönchschor, 4, 5 Nebenapsiden, 6 Westchor mit Martinsaltar, 7 Treppentürme, 8 Paradies

2
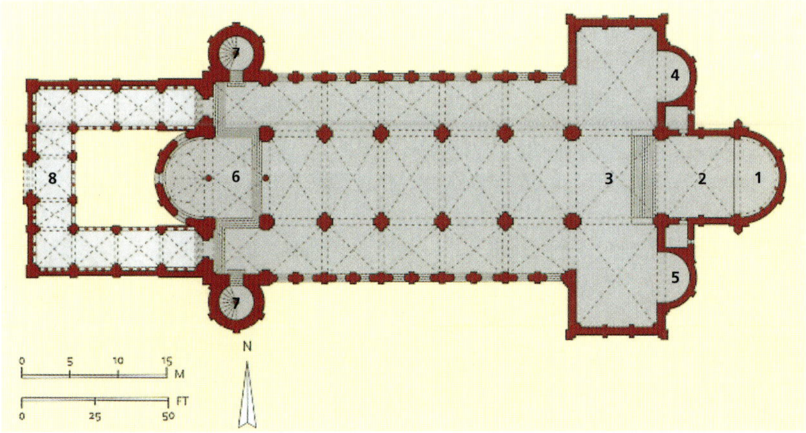

Mit dem Bau der Klosterkirche Maria Laach wurde 1093 unter Pfalzgraf Heinrich II. begonnen. Der Pfalzgraf besaß am Ostufer des Laacher Sees in der Eifel eine Burg und war ein Gefolgsmann Kaiser Heinrichs IV. Dieser ließ seit 1082 den Speyrer Dom einwölben und während seiner Regierungszeit den Dom zu Mainz erbauen.
In Anlehnung an die beiden Kaiserdome, in denen die ideologischen Positionen und die Machtansprüche des salischen Herrscherhauses gegenüber dem Papsttum architektonisch Ausdruck fanden, war Maria Laach von Beginn an als monumentales Bauwerk geplant. Über ihre liturgische Funktion hinaus sollte sie einen repräsentativen Rahmen für die Grabstätte der pfalzgräflichen Familie bieten. Durch den frühen Tod des gräflichen Stifterpaares geriet der Bau allerdings ins Stocken und konnte erst 120 Jahre später vollendet werden.

Beherrscht wird der gewaltige Bau von zwei Turmgruppen, die sich über je einer Choranlage im Osten und im Westen erheben (Bild 12.1).
Zwei hohe, im Grundriss quadratische Glockentürme rahmen den Ostchor. Die ▸ Vierung bekrönt ein gedrungener, achteckiger Turm. Das Gewicht des Ostchors wird optisch durch den Westbau mit seinen zylindrischen Treppentürmen ausgeglichen. Über der westlichen Vierung erhebt sich ein mächtiger, viereckiger Turm. Wie zwei wehrhafte Burgen liegen sich die beiden Turmanlagen gegenüber, verbunden durch das abgestufte Langhaus. Schon der Außenbau lässt erkennen, dass sich die Kirche als „Burg" des Himmelskaisers verstand.
Der Westchor kam einerseits dem erhöhten Bedarf der Benediktiner an Altären und Kapellen entgegen (bedingt durch liturgische Vorschriften). Anderer-

seits erinnert er an den weltlichen Teilhaber des Bauvorhabens: Der Priesterkirche im Osten steht die Fürstenkirche im Westen gegenüber. Die Betonung des ▸Westwerks als quasi „weltlicher" Bauteil war bei großen Kirchenbauvorhaben zum politischen Programm geworden, seit um die Mitte des 11. Jahrhunderts der Streit um das Recht auf Einsetzung der Bischöfe (Investitur) Kaiser und Papst entzweit hatte.
Dem Westwerk ist eine kreuzgangartige Vorhalle, ein so genanntes Paradies, vorgelagert. Es entstammt der letzten Bauperiode und gehörte nicht zum ursprünglichen Bauplan.

Die Kirche, eine dreischiffige ▸Basilika mit Doppelchoranlage, ist auf dem Grundriss eines lateinischen Kreuzes errichtet, das auf den Kreuzestod Christi verweist (Bild 12.2).
Im Inneren trennt eine in Rundbogenarkaden übergehende, schmucklose Wand das Mittelschiff von den niedrigeren Seitenschiffen. Über jeder Bogenöffnung befindet sich im ▸Obergaden ein Rundbogenfenster. Schwere Pfeiler gliedern den hohen Raum des Mittelschiffs in eine Folge gleicher Raumsegmente (Bild 13.1). Den Pfeilern sind rechteckige Wandvorlagen (Pilaster) und Halbsäulen (Dienste) mit skulpierten Kapitellen vorgelegt, die die ▸Gurtbögen des Gewölbes aufnehmen.
Der Innenraum ist nicht im ▸„gebundenen System" vieler frühromanischen Kirchen (vgl. Dom zu Speyer) erbaut. Nur in der Vierung findet sich die klassische Form des quadratischen ▸Jochs, während ansonsten querrechteckige Gewölbe das Bild bestimmen. Das führt dazu, dass die Gurtbögen der ▸Kreuzgratgewölbe leicht flach gedrückt sind.
Der älteste Bauteil der Abteikirche ist die Krypta. Diese „Unterkirche" gehörte in romanischer Zeit zu den wesentlichsten Bestandteilen einer Kirche und diente vor allem der Grablege bedeutender Personen und dem wachsenden ▸Reliquienkult.
Die dreischiffige Laacher Hallenkrypta erstreckt sich unter dem Ostchor. Freistehende, schlichte Säulen auf hohen Basen mit glatten Schäften und massigen Würfelkapitellen tragen das Kreuzgratgewölbe. In der Mitte der Krypta befindet sich unter einer Mosaikplatte das Grab des ersten Abtes des Klosters.

Die Mauerflächen des Außenbaus der Abteikirche sind – wie in der Hochromanik üblich – durch einfache und klare Schmuckformen gegliedert. Umlaufende Rundbogenfriese (▸Fries) und ▸Lisenen aus blauschwarzem Lavagestein heben sich deutlich von den Hausteinmauern aus graugelbem Tuff ab. ▸Blendbögen sind ein weiteres Gliederungselement. An mehreren Bauteilen lässt sich in Maria Laach aber auch der Übergang von der salischen zur staufischen Baukunst ablesen.
Die Stauferzeit war von einer deutlichen Schmuckfreude geprägt, die eine stärkere Belebung und Gliederung der Fassaden mit sich brachte. So bricht in Maria Laach am Ostchor die ältere Lisenengliederung, die sich noch an der Westapsis findet, im ▸Sockelgeschoss ab. Ersetzt wird sie durch ein zweigeschossiges Blendarkadensystem, unten mit Halb- und oben mit Rundsäulen verstärkt. Dieselbe Gliederung findet sich an den beiden Obergeschossen der runden Flankierungstürme des Westwerks. Hier sind die Blendarkaden stellenweise sogar zu ▸Dreipassbögen umgeformt (Bild 12.1).
Die ▸Zwerggalerie des westlichen Vierungsturmes ist ebenfalls ein Zierelement, das sich vor allem an den spätromanischen Kirchen im Rheinland findet.

1

2

13.1 Abteikirche Maria Laach. Blick vom Mittelschiff nach Osten.
Das Apsismosaik stammt aus dem 20. Jahrhundert.

13.2 Krypta

✔ Vergleichen Sie äußere Erscheinungsform und Grundriss der romanischen Basilika Maria Laach mit der gotischen Kathedrale von Amiens (Seite 14 f).

1

14.1 Kathedrale Notre-Dame in Amiens, 1220–1288, Westfassade

14.2 Amiens, inneres und äußeres statisches Gerüst, Schnittperspektive

✔ Welchen Raumeindruck vermittelt Ihnen Bild 15.1. Versuchen Sie, einen Zusammenhang zwischen Raumwirkung und konstruktiven Bedingungen herzustellen. Auf der Internetseite zu diesem Buch (vgl. S. 2) finden Sie ein Link zur Kathedrale von Amiens. Dort können Sie sich mit Hilfe eines virtuellen Rundgangs einen Raumeindruck von der Kathedrale verschaffen.

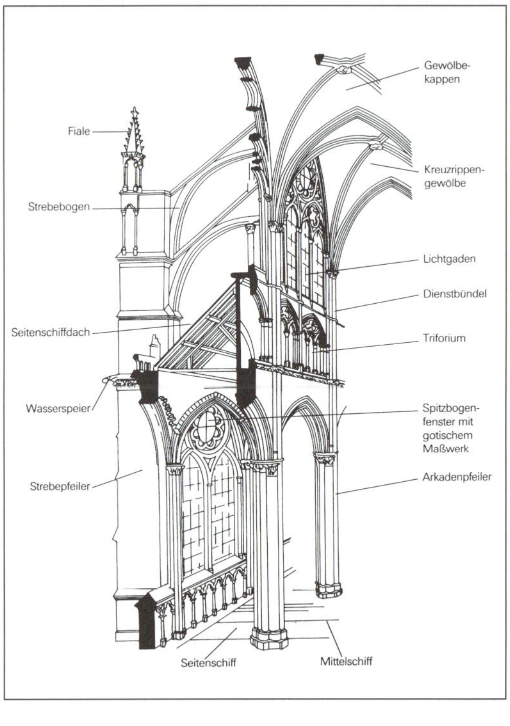

2

Die ersten gotischen Kathedralen entstanden um die Mitte des 12. Jahrhunderts in der Île de France, einem von den französischen Königen beherrschten Gebiet um Paris. Sie waren Amtssitze der Bischöfe, repräsentierten aber als Krönungs- und Bestattungsort auch die neue Macht der Könige.

Die gotische Kathedrale ist im Prinzip eine Weiterentwicklung der romanischen Basilika. Die Raumgliederung in Langhaus (Mittelschiff und Seitenschiffe), Querhaus, ▸ Vierung, ▸ Chor und ▸ Apsis wird beibehalten. Anders aber als bei der romanischen Basilika, in der die massive Mittelschiffwand die Last des Daches aufnimmt (Massivbauweise, vgl. Seite 12 f.), entwickelten die mittelalterlichen Baumeister in der Gotik ein Konstruktionssystem, das auf der Auflösung der tragenden Wände in ein Stützsystem basierte.

Als 1288 bis auf die Türme die Bauarbeiten beendet waren, war in Amiens in knapp sechzigjähriger Bauzeit die größte der gotischen Kathedralen in Frankreich entstanden (Länge 145 Meter, Höhe des Mittelschiffs bis zum Gewölbescheitel 42,3 Meter).
Der Grundriss (Bild 15.2) zeigt eine dreischiffige Basilika, deren Seitenschiffe durch einen ▸ Chorumgang zusammengeführt sind. An diesen Umgang grenzen sechs halbkreisförmige und eine längsgerichtete Kapelle (Kapellenkranz) an.
Wo sich Langhaus und das dreischiffige Querhaus durchdringen, entsteht ein quadratischer Vierungsraum.
Die Hauptfassade (Bild 14.1) wird von drei mächtigen Portalen bestimmt. Besonders auffällig ist das aus der Mauer hervortretende, abgestufte ▸ Portalgewände. Die Portalöffnungen entsprechen den Breiten der einzelnen Kirchenschiffe und sind von Ziergiebeln, so genannten ▸ Wimpergen, bekrönt.
Durch die trichterförmige Abtreppung der Portalgewände entsteht ein optischer Sog nach innen und Raum für die umfangreiche Gestaltung des theologischen Figurenprogramms.
Über der Portalzone verläuft in horizontaler Richtung eine Galerie, die dem ▸ Triforium entspricht, darüber folgt die ▸ Königsgalerie, eine Folge von Figuren, die entweder die Vorfahren Christi oder die französischen Könige darstellen. Über der ▸ Fensterrose, deren ▸ Maßwerk im frühen 16. Jahrhundert im ▸ Flamboyantstil, einem späten Stil der Gotik, entstanden ist, erhebt sich nochmals eine Galerie, die die zwei Türme optisch zusammenfasst, gleichzeitig aber auch den Giebel des Daches verdeckt. Die gesamte Fassade mit ihren Türmen, Strebepfeilern und Zierelementen lastet nicht mehr schwer auf dem Erdboden, sondern strebt nach oben.

Bereits in der Romanik galt den Gläubigen die Kirche als „Burg des Himmelskaisers“. In dem vom Glauben beherrschten Bewusstsein jener Zeit verfestigte sich dieses Bild zu einer Vision: Die neuen Kirchenbauten sollten eine Himmelsstadt, das Abbild des edelsteinbesetzten, goldglänzenden, himmlischen Jerusalems sein, wie es die Gläubigen aus den Offenbarungen des Johannes kannten. Dazu gehörte auch die – heute oft vergessene – farbige innere und äußere Bemalung der Kathedralen.

Voraussetzung für die Auflösung der Mauermassen zu einem himmelwärts strebenden, von farbigem Licht durchfluteten Raum war die Weiterentwicklung der Gewölbetechnik zu einem ▸ Kreuzrippengewölbe, das seine Schubkräfte über gebündelte ▸ Dienste, den Pfeilern vorgelagerte Halb- oder Dreiviertelsäulen, in die Fußpunkte abgibt.
Die Gewölbe wurden mit dem Spitzbogen konstruiert, der die Last steiler und konzentrierter nach unten ableitet als der romanische Rundbogen.
Das innere statische Gerüst aus Spitzbögen und Gewölberippen erfordert ein äußeres statisches Gerüst, das ▸ Strebewerk. Es fungiert als Widerlager gegen die horizontal wirkenden Schubkräfte der Gewölbe. In jeder Pfeilerachse erhebt sich an der Außenwand des Seitenschiffs ein Strebepfeiler. Schräg geführte Strebebögen fangen den Gewölbeschub ab und leiten ihn nach dem Prinzip des Kräfteparallelogramms in die Pfeiler weiter.

Betritt man den Innenraum der Kathedrale von Amiens (Bild 15.1), fällt der Blick zuerst auf das mittlere, große Chorfenster. Hauptschiff und Seitenschiffe bilden nicht mehr wie in der romanischen Basilika eine additive Abfolge einzeln gegliederter Raumabschnitte, sondern einen Gesamtraum.
Die Mittelschiffwand zeigt wie bei romanischen Sakralbauten einen dreizonigen Wandaufbau. Anstelle der Wandfläche über den Arkaden öffnet sich die Wandzone hier jedoch zu einem Laufgang, dem ▸ Triforium. Es umzieht in dieser Form in etwa halber Höhe den gesamten Innenraum. Der Baumeister band drei Arkaturen in einen übergreifenden Spitzbogen ein und gliederte zwei solcher Elemente in ein ▸ Joch.
Die Zone über dem Triforium, der Lichtgaden, wird fast völlig von hohen spitzbogigen Fensterflächen ausgefüllt, die wiederum in je vier lanzettförmige Fensteröffnungen unter einer großen Rose und zwei kleinen Dreipässen (▸ Maßwerk) aufgeteilt sind. Ihr steinernes Maßwerk wiederholt in kleinerem Maßstab die Profile der Rippen und Dienste und schließt sich mit ihnen zu einem einheitlichen Liniennetz zusammen. Die mit farbigen Glasmalereien ausgefüllten Fensterflächen erzählen biblischen Szenen und Heiligengeschichten. Gedämpftes Licht dringt durch sie herein, ein irreales Licht, das durch „heilige Bilder“ fällt und sich so in neues göttliches Licht, „lux nova“, verwandelt.
Die ▸ Gurtbögen, ▸ Schildbögen und Diagonalrippen des Kreuzrippengewölbes vereinigen sich in einem hoch liegenden ▸ Kämpferpunkt und laufen als Dienstbündel die Hochschiffwand hinab, teils bis zu der Deckplatte des Kapitells über den Arkadenpfeilern, teils bis zu ihren Fußpunkten (Bild 14.2).

1

Bild 14.2 zeigt das äußere Strebewerk der Kathedrale von Amiens. Turmartig steigen die Strebepfeiler über die Dächer der Seitenschiffe auf. Je zwei Strebebögen spannen sich übereinander gegen die Hochschiffwand und fangen den Schub in Höhe des Gewölbescheitels und der Kämpferplatte ab.
Der Strebepfeiler verstärkt sich nach unten und verdeutlicht damit die Zunahme der Belastung und den Kräfteverlauf. Die bekrönende ▸ Fiale wiederum führt die Aufwärtsbewegung des Strebepfeilers über seinen Abschluss hinaus himmelwärts. Der in halber Höhe angesetzte Wasserspeier nimmt Bezug auf die Hauptgliederung des Baukörpers.

15.1 Blick vom Mittelschiff in den Chorraum

15.2 Grundriss

2

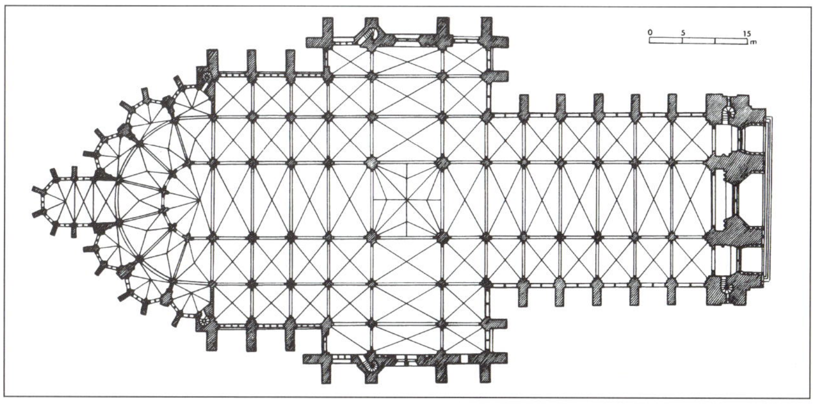

Donato Bramante
(1444/ bei Urbino–1514/ Rom)
Bramante war ursprünglich als Maler ausgebildet, einen Beruf, den er auch ausübte, bis das Interesse an der Architektur die Oberhand gewann. Um 1479 trat er in die Dienste des Herzogs Ludovico Sforza, für den er in Vigevano sowohl als Dekorationsmaler als auch als Architekt arbeitete. Sein erstes bedeutendes Werk ist die kleine Kirche *Sta. Maria presso S. Satiro* in Mailand. 1499 verließ Bramante Mailand und ging nach Rom. Dort baute er den *Tempietto* und den Klosterhof mit Kreuzgang von *Sta. Maria della Pace* (1504).
Sein Entwurf für den Petersdom sah eine Kirche vor, die ein idealer Zentralbau gewesen wäre. Über dem Grundriss in Gestalt eines griechischen Kreuzes mit halbrund geschlossenen Kreuzarmen sollte sich in der Mitte eine riesige Kuppel erheben. Als Bramante starb, standen nach seinen Entwürfen nur die Kuppelpfeiler, die auch bei der späteren Bauplanänderung erhalten blieben.

Wie im Mittelalter nahm der Sakralbau auch in der Neuzeit den höchsten Stellenwert ein. Die veränderte Wertschätzung der Menschen sich selbst und dem Universum gegenüber brachte natürlich auch eine veränderte Architekturauffassung mit sich.

Ein gotisches Bauwerk verkörpert in allen Teilen die Dynamik lebendigen Wachstums. (...)
Die Menschen des Mittelalters haben (...) ein Bauwerk niemals als endgültig vollendet betrachtet. (...) Wie die gotische Kathedrale in ihrem zeitlichen Sein weder Anfang noch Ende kennt, so ist auch ihre räumliche Dimension ohne feste Begrenzung. Das Bauwerk der Renaissance dagegen bedeutet eine einmalig und endgültig geprägte Einheit, die aus in sich selbst abgeschlossenen Teilen zusammengesetzt ist.

Nikolaus Pevsner, 1985

Die Idealvorstellung einer Kirche der Frührenaissance verkörperte der freistehende Zentralbau (vgl. Bild 17.2), den man an zahlreichen römischen Bauwerken, besonders den Grab- und Memorialbauten vorfinden konnte.

16 Donato Bramante: Tempietto di San Pietro in Montorio, Rom. Um 1502

Leon Battista Alberti, der um 1450 die erste umfassende Architekturtheorie der Renaissance formuliert hatte (vgl. Seite 26), gab den Zentralbauten eindeutig den Vorzug vor dem antiken Bautypus der ▸ Basilika. In seinem Traktat bezeichnete er christliche Sakralbauten ausdrücklich als Tempel und schrieb bezüglich ihrer Ausführung, sie hätten frei und erhöht zu stehen, müssten mit einer Säulenfront und einem Gewölbe versehen und im Innenraum möglichst schlicht sein.

Für die Liturgie war der Zentralbau weitaus schlechter geeignet als Langbauten, da er die Kommunikation mit der Gemeinde erschwerte und der günstigste Ort der Aufstellung des Altars zudem immer strittig blieb (...). Der Vorstellung von himmlischer Perfektion kamen Bauten auf der Basis des Kreises jedoch viel näher: Die Kreisform symbolisiert Unendlichkeit, Ewigkeit in einer Linie ohne Anfang und Ende und repräsentiert die Gestalt der Gestirne und ihrer Umlaufbahnen. (...) Der Zentralbau ist in sich ruhende Harmonie, ein göttlicher Gleichklang sämtlicher Teile des Gebäudes.

Boris von Brauchitsch, 1999

Gegen Ende des 15. Jahrhunderts befassten sich in Mailand Donato Bramante und Leonardo da Vinci mit der komplexen Thematik des Zentralbaus. 1499 übersiedelte Bramante nach Rom, wo er antike Monumentalbauten studierte.

1502 errichtete er im Hof der älteren Kirche San Pietro in Montorio in Rom eine kleine Rundkirche, den Tempietto. Sie steht genau an der Stelle, wo der Legende nach der Apostel Petrus gekreuzigt wurde.
Beim Tempietto handelt es sich um einen reinen Rundbau in Verbindung mit einer Kuppel (vgl. Pantheon, Seite 11). Um den zylindrischen Kern des Bauwerks schließen sich bis zur halben Höhe tuskische Säulen, eine Abwandlung der dorischen ▸ Säulenordnung. Sie tragen ein mit ▸ Metopen und ▸ Triglyphen geschmücktes Gebälk und eine ▸ Balustrade mit Geländer. Der auf einem dreistufigen Unterbau ruhende Mauerzylinder selbst wird durch ▸ Pilaster gegliedert. In den Feldern dazwischen wechseln halbrunde und rechteckige Nischen miteinander ab und rhythmisieren den Bau.
Über dem zurücktretenden Obergeschoss erhebt sich eine halbkugelförmige Kuppel mit verzierter ▸ Laterne.

Der kleine, in sich ruhend wirkende Bau ist nach einem genauen System konstruiert: Alle die Gesamtform bestimmenden Proportionen sind aus dem Kreis entwickelt. Der Durchmesser des Säulenumgangs entspricht der Höhe des Mauerzylinders bis zum Kuppelansatz. Der nur 4,50 Meter Durchmesser betragende Kreis des Zylinders ergibt, übereinander gestellt, die Höhe des Gebäudes (Bild 17.1).

Während an den antiken Tempeln, die weiblichen Gottheiten geweiht waren, die korinthische ▸ Säulenordnung vorherrschte, griff Bramante für den Tempietto die dorische Ordnung auf, die sich in der Antike an Mars- oder Herkulestempeln findet.
Bramante setzte also die Tapferkeit antiker Helden mit der von Petrus gleich und deutete die inhaltliche Aussage der antiken Vorstellungswelt seinen Absichten entsprechend um.
Auf die gleiche Weise verfuhr er mit dem Gebälkschmuck, den Metopen und Triglyphen unterhalb der Balustrade. Entgegen den antiken Vorbildern, die meist antike Schilde, Lanzen usw. zeigen, ließ Bramante nun den Petrusschlüssel, liturgische Geräte und ein Weihrauchfass – Symbole des heiligen Petrus – abbilden.

Unter zeitgemäßem Bauen verstand Bramante also nicht das schlichte Kopieren antiker Vorbilder, sondern das Herauslösen antiker Motive aus alten Sinnzusammenhängen und deren Umdeutung in eine neue Architektursprache.

✔ Vergleichen Sie den Tempietto in Bezug auf Form und Proportion mit dem Pantheon in Rom (Seite 11).

✔ Donato Bramante entwarf den Tempietto nach dem Proportionsschema des ▸ Goldenen Schnitts (vgl. Glossar). Fertigen Sie eine Aufrisszeichnung an, aus der die Proportionsverhältnisse ersichtlich sind.

✔ Vergleichen Sie die Ansicht des Tempiettos mit der Zeichnung des Architekten Gottfried Böhm zur Wallfahrtskirche Neviges (Seite 20f).

✔ Entwerfen Sie das Modell einer modernen Kirche auf dem Grundriss eines Kreises.

1

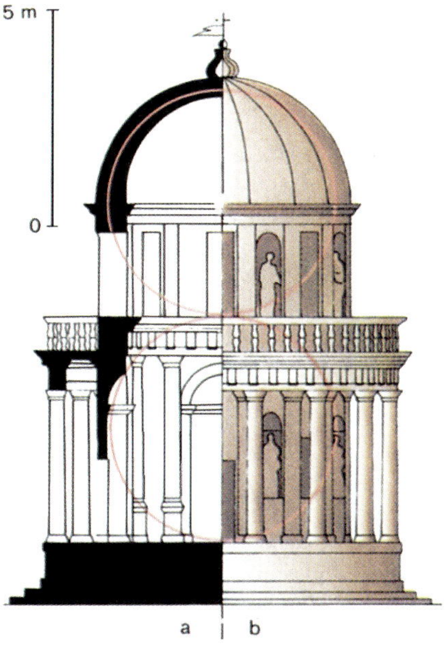

17.1 Tempietto di San Pietro in Montorio
a: Schnitt, b: Ansicht

2

17.2 Francesco di Giorgio Martini zugeschrieben: Idealstadt, um 1470.
Öl auf Holz, 60 x 200 cm.
Galleria Nazionale delle Marche, Urbino.
Mittelpunkt der auf einem perspektivischen Raster angelegten, regelmäßigen Idealstadt ist der zentrale Sakralbau.
Die Debatte um den Zentralbau beschäftigte zu jener Zeit viele Künstler.

Balthasar Neumann
(1687/Eger, Böhmen – 1753/Würzburg)
Ingenieur und Baumeister, wurde bereits in jungen Jahren zum Hofarchitekten der kurfürstlichen Familie Schönborn, die in Franken und am Rhein regierte.
Sein Hauptwerk, die fürstbischöfliche *Residenz in Würzburg* mit dem berühmten zweiläufigen Treppenhaus, nahm ihn bis zum Tod in Anspruch. Auch in seinen Kirchenbauten, von denen der berühmteste wohl die *Wallfahrtskirche Vierzehnheiligen* ist, versuchte Neumann, seine Vorstellungen eines bewegten, rhythmischen Raumes in Architektur umzusetzen.

1745 beschloss der Konvent des Benediktinerklosters Neresheim bei Aalen den Neubau einer Klosterkirche. Entwurf und Bauleitung wurden dem damals auf der Höhe seines Schaffens und Ansehens stehenden Baumeister Balthasar Neumann aus Würzburg übertragen. Bis zum endgültigen Ausführungsentwurf entstanden über einen längeren Zeitraum hinweg mehrere Zwischenpläne.

Am Grundriss (Bild 19.2a) auf der Form eines lateinischen Kreuzes ist abzulesen, dass in der Klosterkirche zwei unterschiedliche Raumsysteme nebeneinander bestehen. Das 83 Meter lange Langhaus mit kurzem Querschiff und lang gestrecktem Chor zeigt sich nach außen bis auf West- und Ostfassade kubisch umschlossen. Im Inneren hingegen gliedern sieben ovale Kuppelräume die Raumflucht. Überwölbt werden sie von elliptischen Flachkuppeln: über dem ersten Langhausabschnitt und dem Chor zwei jeweils gleiche, dem Kreis angenäherte Querovale; über der Vierung eine längsgerichtete Kuppel und über den Querschiffarmen schmale, gestreckte Längsovale. Die Kuppeln überschneiden sich nicht, sondern berühren sich lediglich.
Die Gewölbeansätze in Langhaus und Chor ruhen auf Wandpfeilern, die vor die gerade Fensterwand gerückt sind. Auf diese Weise entsteht eine doppelschalige Wand. Die Pfeiler sind nicht senkrecht in den Raum eingezogen, sondern über Eck gestellt und bilden eine Art Vorsprung, der mit je einem Paar Pilaster besetzt ist. Die von den schräg gestellten Pfeilern aufsteigenden ▸ Gurtbögen berühren sich in der Mitte eines ▸ Jochs. Sie verlaufen nicht in gerader, sondern in einer gekrümmten Linie.
Zwischen den Vorsprüngen schwingt die Wand im Hauptgeschoss in konvexer Rundung leicht zurück.

18 Balthasar Neumann: Abteikirche Neresheim, 1750–1792. Blick zum Hochaltar. Kuppelfresken von Martin Knoller, plastische Ausstattung von Thomas Schaidhauf

19.1 Detail der Nordseite des Chors

19.2a Grundriss auf Höhe des Emporengeschosses. Zu erkennen sind die Querovale über Langhaus und Chor sowie die Längsovale über Vierung und Querschiffarmen.
19.2b Längsschnitt

1

Dieses Kurvenspiel zieht sich ohne Unterbrechung durch den gesamten Kircheninnenraum und tritt am horizontal gelagerten ▸ Hauptkranzgesims besonders ausgeprägt in Erscheinung (Bild 19.1). Dagegen schwingen die Balkone der ▸ Emporen im Hauptgeschoss in den Raum hinein.

In der ▸ Vierung ändert sich das Stützensystem. Vier auf hohen Sockeln freistehende Säulenpaare tragen die Hauptkuppel, die im Scheitelpunkt 32 Meter hoch ist.
Die Doppelsäulen stehen vor mächtigen Pfeilern, die die Vierungsecken bilden und sind erst oberhalb der Gebälkhöhe über Brückenbögen mit den Pfeilern verbunden. Der Aufbau der Vierung besteht also aus einer weit auseinander gerückten inneren und äußeren Schale. Es entsteht der Eindruck, als befinde sich vor der äußeren Wandschicht eine „durchsichtige“ innere Hülle, die das Auge über die wirklichen Raumgrenzen im Ungewissen lässt. Die Vierungsrotunde als zentraler Punkt in der Mitte der Kirche steht wie ein Riesenbaldachin vollkommen frei im Raum, losgelöst von ihrer Umgebung.
Ursprünglich hatte der Architekt die große Vierungskuppel als massives Gewölbe geplant. Sie sollte steil ansteigen und in einer ▸ Laterne enden. Nach Neumanns Tod entschloss sich der Konvent 1759 die Kuppel nicht massiv, sondern in Holzkonstruktion, abgeflachter und ohne Laterne errichten zu lassen.

Dem Licht kommt in der Abteikirche eine besondere Bedeutung zu. Durch die zwei übereinander angeordneten Fensterreihen kann das Licht gleichmäßig und ungehindert einströmen und seine formmodellierende Wirkung entfalten.
Dem Auge bleiben die Lichtquellen jedoch größtenteils verborgen, denn sie sind hinter den mächtigen Wandpfeilern versteckt. Das diffuse Licht scheint die Raumgrenzen verschwinden zu lassen.

2a

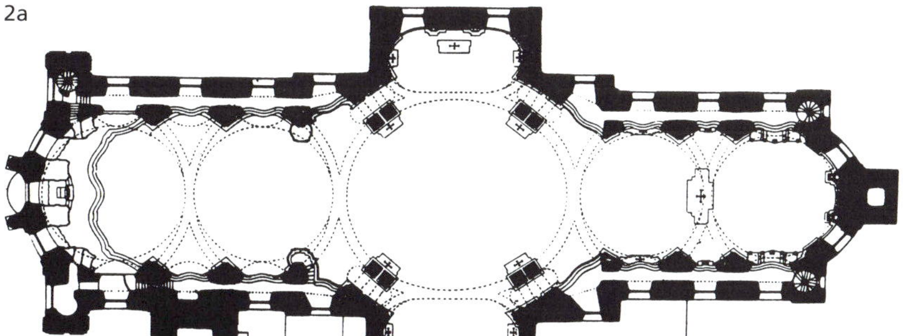

2b

✔ Mit welchen architektonischen Mitteln erzielt Balthasar Neumann im Kircheninneren den schwingenden Raumeindruck?

✔ Wie hätte die ursprünglich von Neumann geplante Vierungskuppel den Raumeindruck verändert?

✔ Betrachten Sie Grund- und Aufriss (Bild 19.2a+b). In welchem Verhältnis stehen Fensterachsen und Pfeilersystem zueinander? Setzen Sie die Hauptachsen der Gewölbe in Bezug zur Ausrichtung des Außenbaus.

✔ Vergleichen Sie die Lichtführung von Neresheim mit derjenigen der Kathedrale von Amiens (Seite 14 f).

✔ In Zusammenhang mit der Architektur des Barock ist oft von einem barockem „Gesamtkunstwerk“ die Rede. Versuchen Sie, anhand der beiden Farbabbildungen des Kircheninnenraums diesen Begriff zu erläutern.

Gottfried Böhm
(1920/Offenbach, Main)
Studium der Architektur und Bildhauerei in München. Trat 1952 in das Büro seines Vaters Dominikus Böhm ein, einem bekannten Kirchenbauarchitekten. Gottfried Böhm baute zunächst hauptsächlich Kirchen in einer an den Expressionismus anknüpfenden Formensprache.
Beim Bau des *Bensberger Rathauses* (1962–1967) versuchte Böhm, die vorhandene mittelalterliche Stadtarchitektur mit dem Neubau zu einem Ensemble zu verbinden. In späteren Jahren wandte er sich einer rationalistischeren Architektursprache mit filigranen, oft aus Metall bestehenden Skelettstrukturen zu. Eines seiner letzten Projekte, der Neubau des *Westdeutschen Rundfunks* in Köln (1991–1996), ist eine lebendige Collage aus unterschiedlichsten Gebäudeformen.

1

20.1 Wallfahrtskirche Maria Königin des Friedens, Velbert-Neviges, 1963–1969. Links am Hang die Pilgerunterkünfte.

20.2 Gottfried Böhm: Wallfahrtskirche in Neviges, Ansicht des Gesamtgebäudes. Bleistift auf Transparentpapier, 62,7 x 62,0 cm. Privatbesitz

21 Blick von der Eingangsempore zum Altar

Wie ein mächtiges Betongebirge türmt sich am Rande der Altstadt des Städtchens Neviges im Bergischen Land der Wallfahrtsdom *Maria Königin des Friedens* auf (Bild 20.1). Ineinander verschachtelte Baukuben, von einem Dach aus gefalteten Flächen überdeckt, schichten sich zu einer Art kristalliner Monumentalplastik auf.
Der Architekt der Kirche, Gottfried Böhm, hatte 1963 von der Erzdiözese Köln den Auftrag zum Neubau eines Wallfahrtszentrums erhalten, da die alte Kirche die Pilgerströme, die in Neviges ein Gnadenbild der Mutter Gottes verehren, nicht mehr fassen konnte. Böhm, der in den sechziger Jahren zu den Architekten gehörte, die in ihren Bauten eine ausdrucksstarke, plastische Formensprache vertraten, verstand Wallfahrt als *„Ausdruck der lebendigen, stets in Bewegung befindlichen Kirche."*
Nicht nur die Messe, sondern auch gemeinsames Gebet, Gesang, Konzert, Spiel und Feste sollen das Erlebnis der Wallfahrt verstärken.

Diese Kirche liegt an einem Hang, den wir zusammen mit einer Randbebauung als großen Wallfahrtsweg ausgebildet haben.
Der Weg führt zu einem offenen Kirchenvorplatz, der sich in den umschlossenen Kirchenraum fortsetzt. Der Altarraum ist dann das Ende des Weges. (...) hier (ist) der Altar das Ziel, von dem aus sich der Blick nach oben wendet. In diesem Kircheninnenraum ist der Wille besonders sichtbar, aus Decken und Wänden eine konstruktive und räumliche Einheit zu bilden.

Gottfried Böhm, 1988

2
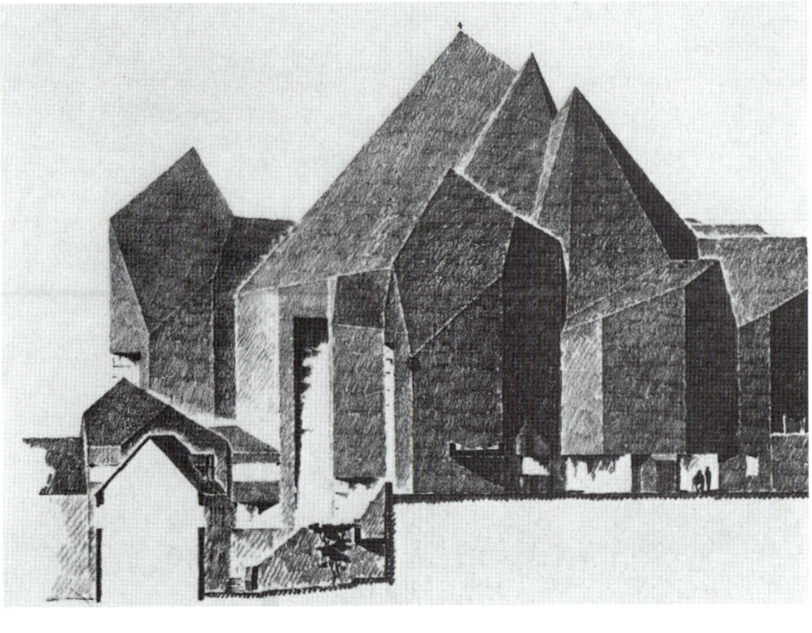

Der Kirchenbaukörper besteht außen wie innen aus Sichtbeton, der sandgestrahlt ist. Zwischen Dach-Faltwerk und den in unterschiedlichen Winkeln gebrochenen Wänden existiert keine konstruktive Trennung. Der gesamte Baukörper ist ohne Dehnungsfuge errichtet und wirkt wie aus einem Guss entstanden. Die asymmetrische Faltwerkkonstruktion fasst Wände und Decken in eine räumliche Einheit zusammen.

Der höchste Punkt des Daches liegt 34 Meter über dem zentral stehenden Hauptaltar. Der Innenraum bietet Platz für bis zu 7000 Menschen. In seitlichen, von den Faltungen des Betonmantels gebildeten Kapellen können die Gläubigen ebenfalls beten. Der Bodenbelag, der sich vom Außenraum in das Kircheninnere fortsetzt, besteht aus fächerförmig verlegten Backsteinen mit breiten Fugen, die sich wie kleine Wellen im Raum verteilen.
Große, farbig verglaste Einschnitte in den Betonwänden lassen den Innenraum je nach Sonnenstand in unterschiedlichen Farben aufleuchten.

Befragt man den modernen Kirchenbau im Hinblick auf eine ihm innewohnende Symbolik oder auf bestimmte Bilder, die sich gestaltprägend auswirken, so wird für die Bauten der 50er und 60er Jahre eine Vielzahl von Antworten gegeben, die mit Motiven wie Weg, Zelt, Fels, Höhle, Arche, Burg usw. operieren und das Bemühen von Architekten und Theoretikern des neuen Kirchenbaus erkennbar werden lassen, die architektonischen Gestalten aus religiösen Vorstellungen und Erfahrungen heraus zu interpretieren.

Barbara Kahle, 1990

Stahlbeton
Eine Art Beton (*opus caementitium*) wurde schon von römischen Baumeistern verwendet, geriet dann aber in Vergessenheit (vgl. Seite 11).
Beton, ein Gemisch aus Sand, Kies, Zement und Wasser, lässt sich in jede beliebige Form gießen und ist äußerst druckresistent. Die Zugfestigkeit dagegen ist gering. Mit der Erfindung der Armierung des Betons (Verstärkung durch eingelegte Eisenstäbe) konnte dieser Nachteil wettgemacht werden. Dem Franzosen François Hennebique gelang 1879 mit armierten Rundstäben, die gebogen und ineinander gesteckt werden konnten, die monolithische Verbindung von Stütze und Träger. Das neue Baumaterial Stahlbeton fand zunächst vor allem im Fabrik- und Kaufhausbau Anwendung. Besonders Le Corbusier experimentierte in den 50er Jahren des 20. Jahrhunderts mit dem unverputzten Sichtbeton (béton brut), dessen Oberfläche je nach Schalung lebendige, fast plastische Strukturen erhalten kann.

✔ Arbeiten Sie die Merkmale der äußeren und inneren Gestalt der Wallfahrtskirche heraus.
Welcher Zusammenhang besteht zwischen Material, Konstruktion und Form?

✔ Gottfried Böhm äußert sich im Text zu seinem Verständnis von Wallfahrt. Wie setzt er seine Vorstellungen architektonisch um?

✔ Vergleichen Sie die Wirkung des Innenraums von Neviges mit derjenigen der Kathedrale von Amiens (Seite 14 f).

✔ Falten Sie aus Papier dreidimensionale Formen, die eine räumliche Funktion erfüllen. Untersuchen Sie die statischen Wirkungen der Faltung.

1

2
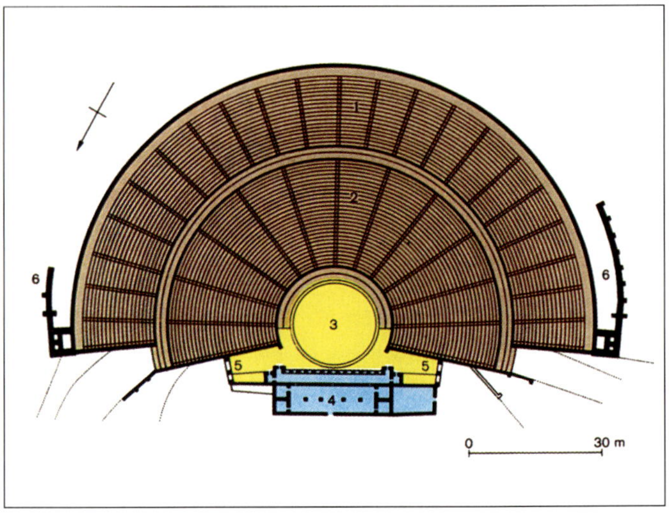

22.1 Theater von Epidauros, Peloponnes, um 350 v. Chr.

22.2 Grundriss:
1 jüngere Cavea, 2 ältere Cavea, 3 Orchestra, 4 Skenengebäude, 5 seitlicher Durchgang, 6 Stützmauer

22.3 Ansicht und Grundriss des Skenengebäudes

Das griechische Theater ist eine religiöse Schaubühne. Seit den frühen Jahrhunderten gehören zum Kult des Dionysos Chorgesänge, ekstatische Tänze und Maskenumzüge. Aus der Vereinigung von Kult und Spiel erwachsen die beiden Formen des Dramas: Tragödie und Komödie. (...)
Die Form des griechischen Theaters entsteht aus der Aufführungspraxis. Als Spielfläche dient die Orchestra, der kultische Tanzplatz vor dem Tempel des Dionysos mit dem Altar in der Mitte. Auf ihr agiert der Chor mit Gesang und Tanz, bei den Dramen der klassischen Zeit auch als Sprechchor, der Volksmenge und „Volksstimme" darstellt. (...)
Ein leichtes Holzgerüst, die Skene, grenzt die Orchestra gegen die freie Rückseite ab und deutet den Ort der Handlung für die einzelnen Auftritte an. Zunächst für jedes Spiel erneuert, wird sie später durch eine dauerhafte Holzkonstruktion mit Bühnenwand und versetzbaren Elementen abgelöst. (...)
Der Zuschauerraum, die Cavea (griech. Theatron), umschließt anfangs meist polygonal (Trapez), später halbkreisförmig mit ansteigenden Plätzen die Orchestra. Nach schlechten Erfahrungen mit Holztribünen (wie in Athen) verlegt man die Theater möglichst an Berghänge. Eine ausgehobene Mulde begünstigt die Anlage ansteigender Stufenringe. Sie ermöglichen eine gleichmäßige Sicht von allen Plätzen und bewirken die vorzügliche Akustik. (...)
Die Idealform des Theaters erreichen die Griechen durch Konzentration auf die Hauptelemente und deren Geometrisierung. (...)

Werner Müller, 1984

✔ Vergleichen Sie das Theater von Epidauros in Form und Organisation mit dem Schauspielhaus von Karl Friedrich Schinkel in Berlin (Seite 30 f) und dem Konzerthaus Liederhalle in Stuttgart (Seite 44 f).

3
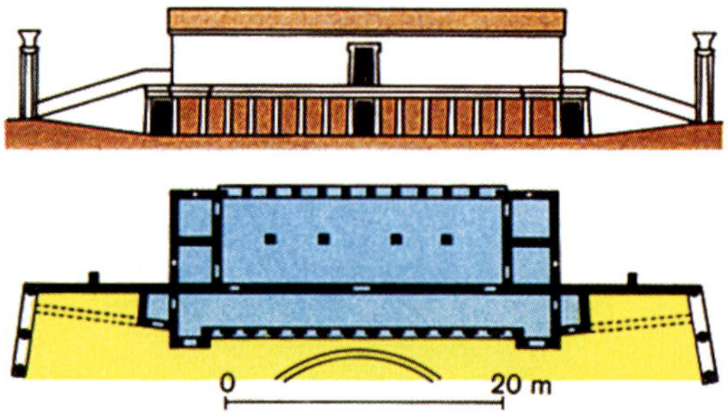

Das Theater von Epidauros (Bild 22.1) stellt ein unverfälschtes Beispiel des klassischen Typs des griechischen Theaters dar, wie er bis etwa 300 v. Chr. unverändert in der ganzen griechischen Welt gebaut wurde.
Zu dieser Zeit hatte sich der Chor, ein wesentlicher Bestandteil des klassischen Dramas, schon von der Handlung gelöst und trug eigene, selbstständige Lieder vor. Diese Trennung von schauspielerischer Handlung und Choreinlagen gab möglicherweise den Ausschlag für die Einführung einer Neuerung in der Theaterausstattung: An die *Orchestra*, die kreisrunde Spielfläche, auf der die Chorzwischenspiele stattfanden, schloss sich jetzt eine erhöhte Bühne von geringer Tiefe (*Skenengebäude*) an, auf der die Hauptszenen abliefen.

In Epidauros war das Skenengebäude zweigeschossig (Bild 22.3) und öffnete sich für die Auftritte der Schauspieler mit Türen im Erd- und Obergeschoss zum Rund der Orchestra.
Das Podium dieser hohen Bühne, das so genannte *Proskenion*, schmückte eine vorgelegte ionische Säulenhalle. Zwischen die Säulen konnte man hölzerne Tafeln mit Kulissenbildern einschieben. Das zweite Geschoss, das *Episkenion*, über Rampen von den seitliche Durchgängen her zu erreichen, entwickelte sich zu einer Art „Oberbühne".

In geometrischer Regelmäßigkeit schließen sich die keilförmigen Segmente der Marmorbänke des Auditoriums (*Cavea*) um die Orchestra. Das Theater wurde zunächst mit 34 Sitzreihen errichtet und etwa 500 Jahre später auf 55 Sitzreihen für 14000 Zuschauer vergrößert. Mit je einem Segment greifen sowohl die ältere als auch die jüngere Cavea an beiden Seiten über den Halbkreis hinaus.
Strahlenförmig angelegte Treppen erschließen den Zuschauerraum und ein breiter Korridor (*Diazoma*) in Dreiviertelhöhe ermöglichte den Umgang.
Das Theater war für seine ausgezeichnete Akustik bekannt, die sich auch heute noch nachvollziehen lässt. Um den Widerhall zu dämpfen, waren unter den Sitzen Gefäße aus gebranntem Ton eingebaut.

1
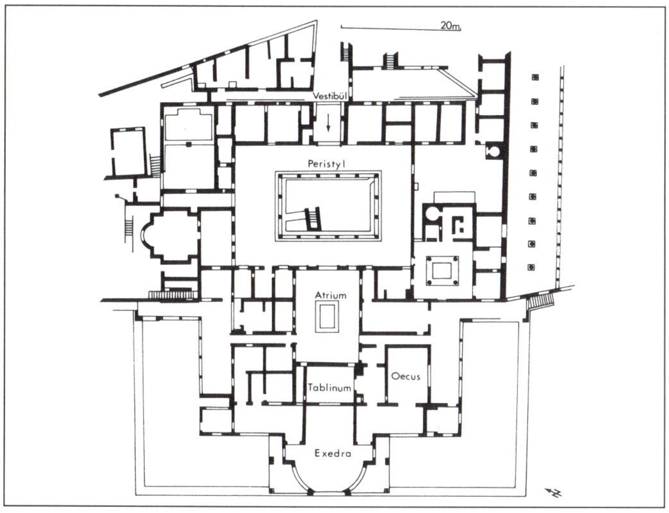

2

Der Bautyp des römischen Stadthauses *(domus)* entwickelte sich wahrscheinlich aus der einfachen Struktur eines etruskischen Bauernhauses.
Die Räume wurden um einen Innenhof, das *atrium*, herum gebaut, nach hinten schloss sich oft ein kleiner Garten an. Eine nach innen abgeschrägte Öffnung in der Mitte des Dachs, das *compluvium*, leitete das Regenwasser in ein Becken im Boden des Atriums, das *impluvium*. Das ganze Haus war nach innen orientiert.
Um das Atrium gruppierten sich die Räume des Hauses, die *cubiculae* (Schlafräume), das *triclinium* (Esszimmer) und das *tablinum*. Das Tablinum diente anfangs als Zimmer der Eltern, später meis-tens als Empfangsraum. Im Atrium standen Hausaltar und Herd, später lag die Küche separat. Aufgrund der dichten Bebauung in den Städten fehlten Fenster nach außen. Steigende Ansprüche und Differenzierung der Raumfunktionen erforderten eine Ausweitung des Raumprogramms. Da das strenge Schema des Atriumhauses diese nur begrenzt zuließ, begann man, diesen Typ mit der aus Griechenland stammenden Form der Säulenhalle (Peristyl), die einen offenen Hof umgibt, zu kombinieren. Dabei entstand aber keine Mischform, sondern die Grundrisse beider Typen wurden hintereinander geschaltet.

Bevor Pompeji 79 n. Chr. nach dem Ausbruch des Vesuvs unter einer dicken Schicht Asche und Bimsstein versank, war es eine blühende römische Handelsstadt mit guter Infrastruktur und zahlreichen Stadtwohnungen wohlhabender Geschäftsleute.
Die *villa*, der Landsitz wohlhabender Städter, zu denen auch die Mysterienvilla (der Name geht auf die Ausmalung mit Bildern des Dionysos-Kultes zurück) in Pompeji zählt, wies eine oft unregelmäßigere Anlage als das *domus* auf. Form und Anlage der Zimmer waren höchst abwechslungsreich gestaltet. Oft belebten Säulenhallen die Außenseiten.

Das Haus verfügt über ein eigenes kleines Bad, das an einem Nebenatrium liegt. Die ganze Anlage ist symmetrisch, der Eintretende blickt vom Vestibulum durch das Peristyl hindurch bis an die Rückwand des großen Atriums. Ebenso wichtig wie diese Abfolge von Räumen, die dem Betrachter die Größe der Anlage vor Augen führen soll, ist der Ausblick aus der Villa nach außen. (…) Die Mysterienvilla hat die gleiche Ausrichtung wie alle anderen benachbarten Villen, von denen aus der Blick über das Meer und die Berge der Halbinsel von Sorrent bis nach Capri schweifen konnte. (…) In einer späteren Phase, wohl im frühen 1. Jahrhundert v. Chr., wurde diese Funktion des vorspringenden Teils der Villa noch verstärkt, indem man eine gedeckte Exedra vor das Tablinum setzte. (…) Die Villa wurde weiter vergrößert durch einen Portikus auf der Südseite, durch neue Speiseräume wie den Apsidensaal an der Nordseite, der vielleicht bei ungünstiger Witterung benutzt wurde. In dieser Zeit erhielt die Villa auch den größten Teil ihrer Ausstattung mit Malereien (…). Das Atrium und die zahlreichen Schlafzimmer an der Westseite haben Architekturmalereien, die sich in den kleinen Alkoven, in denen die Betten aufgestellt waren, zu Ausblicken in säulenumstandene Höfe oder auf Rundbauten erweiterten. Der große Raum (oecus) an der Südwestecke der Villa ist mit einem umlaufenden Fries verziert, der die Schmückung einer Braut und die Einweihung in die dionysischen Mysterien zeigt (…).

Harald Mielsch, 1987

23.1 Villa dei Misteri in Pompeji, 2. Jh. v. Chr., Grundriss

23.2 Villa dei Misteri, Rekonstruktion

23.3 Ausschnitt aus dem Freskenzyklus im Oecus

✔ Vergleichen Sie die Mysterienvilla in Pompeji mit dem Haus Tassel von Victor Horta (Seite 32 f). Ziehen Sie dazu sowohl den Grundriss (Raumanordnung und -organisation) als auch die Bedeutung der farbigen Ausstattung heran.

3

24 Rathaus in Münster, Westfalen, 14. Jahrhundert

25.1 Gotischer Treppengiebel

25.2 Grundriss Ergeschoss, Rekonstruktion vor dem Umbau

Die Bauaufgabe Rathaus begann sich im 13. Jahrhundert mit der Entwicklung der Ratsverfassung herauszubilden. Bis dahin wurde die mittelalterliche Stadt durch den Stadtherrn verwaltet, der dafür häufig einen Schultheißen, Vogt oder Burggrafen einsetzte.
Mit der zunehmenden Bedeutung der Städte und dem Wandel von der Tausch- zur Geldwirtschaft nahmen auch die Verwaltungsaufgaben zu. Ende des 12. Jahrhunderts entstand so der „Rat“, ein Gremium aus 12 oder 24 auf ein Jahr gewählten Vertretern der städtischen Oberschicht. Hauptaufgabe des Rats war die Abwicklung der gesamten Stadtverwaltung, vor allem der Bau von Befestigungsanlagen, die Festlegung und Einziehung von Steuern und die Überwachung von Maßen und Gewichten. Zu einer ebenfalls sehr wichtigen Aufgabe wurde die Rechtsprechung.
Um Ratsversammlungen und Gerichtssitzungen abhalten zu können, entstanden nun verstärkt diesen Zwecken entsprechende und angemessene Bauten. Die architektonische Formensprache der Rathausbauten spiegelte häufig den Stolz der Bürgerschaft auf Selbstverwaltung, Reichtum und Stadtfreiheit wider.

Das Rathaus der westfälischen Stadt Münster liegt in der Mitte der Ostfront des um 1170 aus städtebaulichen Überlegungen heraus neu angelegten Hauptmarktes, des späteren Prinzipalmarkts.
Bedingt durch die Ausdehnung der Stadt Richtung Süden wurde der lang gestreckte, neue Marktplatz bald zum Mittelpunkt der Kaufmannsstadt. Bis zum späten 13. Jahrhundert waren die Seiten des Platzes mit einfach gezimmerten Verkaufs- und Handelshäusern bebaut, die nach und nach steinernen Kaufmanns- und Bürgerhäusern im gotischen und später im Stil der Renaissance wichen.

Das nach seiner Zerstörung im Zweiten Weltkrieg originalgetreu, allerdings mit modernem Innenleben wieder aufgebaute Rathaus besteht aus zwei Teilen (Bild 25.2).
Ältester Teil ist ein zweigeschossiges unterkellertes Steinhaus aus dem 13. Jahrhundert, ein Überrest eines vormaligen Rathauses, von dem nur noch die Nord- und Südwand erhalten geblieben ist.
Wahrscheinlich wurde ihm in der 2. Hälfte des 14. Jahrhunderts ein großes Giebelhaus mit Schauwand zum Markt vorgebaut. Es enthielt im Erdgeschoss den Kaufhaussaal, einen großen Raum, dessen Balkendecke von einem einzigen Holzständer getragen wurde.
Dem Kaufhaussaal vorgelagert liegt die Gerichtslaube, die sich in vier Spitzbögen zum Markt hin öffnet. Dieses so genannte Nieder- oder Marktgericht war der Ort, wo Gerichtsentscheide über Marktstreitigkeiten getroffen wurden.
Sitz der höheren, vom Rat ausgeübten Gerichtsbarkeit war dagegen die Ratskammer im älteren Teil des Rathauses. An ihrer erhalten gebliebenen aufwändigen Möblierung und Ausstattung mit figürlichen und ornamentalen Schnitzereien der Spätgotik und Renaissance lässt sich ihr Status als wichtigster Raum des Gebäudes ablesen.
Im Hauptgeschoss befand sich der große Ratssaal, der Repräsentationsraum der Bürgerschaft, in dem Feierlichkeiten stattfanden und Gäste empfangen wurden. Seine Bedeutung gibt er nach außen hin deutlich zu erkennen: In gleicher Achse sind über den Spitzbogen der ▸ Arkaden vier mit reichem ▸ Maßwerk gefüllte Fenster angeordnet (Bild 24).

1

2

Über dem Hauptgeschoss erhebt sich ein hoher Treppengiebel, der die Hälfte des gesamten Fassadenaufbaus beansprucht (Bild 24, 25.1).
Im Giebel wechselt unvermittelt der vierachsige Rhythmus der beiden Untergeschosse zu einem siebenachsigen, denn die Giebelzone teilt sich in sieben schmale, durch Fenster und Blendnischen gegliederte Felder. Figurenbekrönte ▸ Fialentürmchen, durchbrochene Maßwerkgitter und Wasserspeier in Gestalt tierischer Fabelwesen schmücken die gestaffelten Felder.
Die mittleren drei Bereiche sind mit üppigem Maßwerk und ▸ Wimpergen besonders reich gestaltet (Bild 25.1). Auf den vier obersten, auf gleicher Höhe abschließenden Fialen stehen musizierende Engel, auf den tieferen Moses mit der Gesetzestafel (links) und Elias (rechts). Das mittlere Feld zeigt einen sorgfältig ausgearbeiteten Figurenschrein, in dem die Darstellung der Marienkrönung zu sehen ist. In einer spitzbogigen ▸ Blendnische darunter steht der gekrönte Kaiser mit Zepter und Reichsapfel. Der Wappenkreis zu seinen Füßen zeigt den Reichsadler. Rechts und links davon erscheint in Höhe des zweiten Giebelabsatzes jeweils das Stadtwappen.
Untersuchungen haben gezeigt, dass alle Schmuckteile der Fassade farbig bemalt und teilweise vergoldet waren. Figurenprogramm und Ausschmückung verweisen somit ebenfalls auf die Bedeutung des Rathauses für die Stadt und ihre Bürger.

✔ Vergleichen Sie die äußere Erscheinungsform des Münsteraner Rathauses als gotischen Profanbau mit der Kathedrale von Amiens (Seite 14 f).

✔ Im Mittelalter bestimmten Kirche und Rathaus das Stadtbild. Welche Gebäude repräsentieren heute das Ansehen einer Stadt?

✘ Untersuchen Sie Rathausbauten ihrer Stadt/Gemeinde auf Raumprogramm und Repräsentationsformen.

Leon Battista Alberti
(1404/Genua–1472/Rom)
Humanist, Architektur- und Kunsttheoretiker. Albertis um 1450 verfasste architekturtheoretische Abhandlung *De re aedificatoria* („Über die Baukunst") orientierte sich an den antiken Baubeschreibungen Vitruvs und dessen Darstellung der Säulenordnungen und der Proportionstheorie. Als erster Architekt der Neuzeit erstellte Alberti einen fundierten Bericht über die antiken Säulenordnungen, als erster versuchte er sie zu charakterisieren und zu unterscheiden. Große Bedeutung maß er der Proportionstheorie bei, in der Vitruv die architektonischen Maßverhältnisse den menschlichen gleichsetzt. Alberti entwarf nur sechs Bauwerke und lediglich drei wurden zu seinen Lebzeiten vollendet, darunter die Kirche *San Andrea* in Mantua, deren Fassade eine Verbindung von Tempelfront und Triumphbogen zeigt.

Proportion besteht darin, dass in jedem Falle sowohl für die Teile eines Gebäudes als auch für das Ganze eine bestimmte Maßeinheit gilt, wodurch das System der Symmetrie in Kraft tritt. Denn ohne Symmetrie und Proportion kann kein Tempel einen ordentlichen Plan haben; das heißt, er bedarf einer genauen Proportion nach Art der Glieder eines wohlgeformten menschlichen Körpers. Die Natur hat nämlich den Menschen so entworfen, dass das Gesicht vom Kinn bis zum Ende der Stirn und zum Haaransatz den zehnten Teil der Gesamthöhe misst (...)
Vitruv, Buch III aus „Zehn Bücher über die Architektur", um 25 v. Chr.

Das Zeitalter der Renaissance ist geprägt von der Entdeckung der Welt und des Menschen. Statt auf das Jenseits wie im Mittelalter richtete sich das Augenmerk jetzt auf das Diesseits, auf das Individuum und seinen Platz in der Welt. Der *uomo universale*, der allseitig gebildete und tätige Mensch, wurde zum Ideal.
Hauptsächlicher Schwerpunkt und Zentrum der Frührenaissance war um 1400 der italienische Stadtstaat Florenz. Kaufleute und Bankhäuser, durch Kreuzzüge und Tuchhandel reich geworden, lösten die Kirche als Auftraggeber für die Kunst ab und verliehen ihrem neuen Selbstbewusstsein mit repräsentativen Stadtpalästen Ausdruck.

Der Palast der mächtigsten Florentiner Familie des 15. Jahrhunderts, der Palazzo Medici (heute Medici-Riccardi, 1444–1460), zeigt den weit verbreiteten Typus des toskanischen Repräsentationsbaus der Frührenaissance (Bild 26). Er ist auf dem Grundriss eines Rechtecks erbaut und erstreckt sich als massiger, geschlossener Block entlang der Straßenflucht.
Das mit ▸ Bossenquadern belegte Erdgeschoss, das wie ein gewaltiger ▸ Rustikasockel wirkt, unterteilen in rhythmischen Abständen durch Bögen gerahmte Fenster. Darüber erheben sich zwei Stockwerke mit geteilten Rundbogenfenstern.
Im ersten Geschoss sind die Quadersteine glatt bearbeitet, im zweiten Geschoss zusätzlich dicht gefugt. Das Abklingen der Plastizität des Mauerwerks entspricht der abnehmenden Geschosshöhe.
Ein wuchtiges, auf ▸ Konsolen ruhendes ▸ Kranzgesims bildet den Abschluss. Da es weit in den Straßenraum vorkragt, verbirgt es das Walmdach des Palazzo und trägt zum Gesamteindruck des mächtigen Kubus bei.
Wie alle großen florentinischen Stadtpaläste umschließt der Palazzo Medici einen Innenhof, der als privater Rückzugsort für die Familie dient.

Giovanni Rucellai, ein reicher Florentiner Wollkaufmann, beauftragte um 1445 Leon Battista Alberti mit der Planung eines Stadtpalastes.
Alberti verkörperte einen neuen Architektentypus. Umfassend humanistisch gebildet, hatte er sich sein architektonisches Wissen selbst angeeignet, beschränkte sich später aber auf das Entwerfen und kümmerte sich kaum mehr um die Bauausführung. Um 1432 war Alberti nach Rom gekommen, studierte dort die alten Ruinen und befasste sich mit *De architectura libri decem* („Zehn Bücher über die Architektur"), den wiederentdeckten Schriften Vitruvs, des berühmten Baumeisters der Antike.

Der Palazzo Rucellai, von den Werkstätten des Bernardo Rossellino ausgeführt, bricht als bewusster Gegenentwurf mit der Florentiner Tradition der abweisenden Rustikafassade, ist deshalb aber nicht weniger repräsentativ (Bild 27.1).
Als zukunftsweisende Neuerung für die Architektur der Renaissance führte Alberti die klassische ▸ Säulenordnung als Gliederung der Fassade ein. Einmal sollte damit die Bedeutung des Hauses unterstrichen werden und zweitens sollten die Ordnungen dazu dienen, die Stockwerke zu unterscheiden.
Die Idee, Wandpfeiler vertikal auf einer Mauerfläche anzubringen, übernahm Alberti vom Kolosseum in Rom, bei dem auf dorische, ionische und korinthische Dreiviertelsäulen im obersten Stockwerk korinthische ▸ Pilaster folgen.
Alberti verflachte die römischen Halbsäulen zu Pilastern, die sich mit ihrer glatten Oberfläche von dem gefugten Plattenmauerwerk abheben.

In jedem der drei Geschosse des Palazzo Rucellai sind die Pilaster verschieden geformt. Auf die den dorischen Stil frei variierende Ordnung des Erdgeschosses folgen im ersten Obergeschoss dem korinthischen verwandte Kapitelle, im obersten Stockwerk zeigt sich ebenfalls eine korinthische Ordnung (Bild 27.2).
Die Pilaster übernehmen keine tragende, sondern lediglich eine gliedernde Funktion. Alberti betrachtete sie als Bauschmuck, als Ornament, unter dem er *„eine Art zusätzlichen Glanzes und Erhöhung der Schönheit"* verstand.

Zur Straßenseite gliedern umlaufende ▸ Gesimse mit einem Schmuckfries das Bauwerk in drei Geschosse. Der zweite ▸ Fries zeigt das Wahrzeichen des Bauherrn, ein vom Wind geblähtes Segel.
Obwohl das Erdgeschoss das höchste der drei Geschosse ist, wird dieser Eindruck durch die umlaufende Sockelzone, die in regelmäßigem Abstand von Portalen mit horizontalem ▸ Türsturz durchschnitten wird, etwas gemildert. Knapp oberhalb des Straßenniveaus befinden sich in Sockelhöhe die für Renaissancepaläste typischen Sitzbänke.
Kleine, hoch liegende Fensteröffnungen und die Mauerwerksplatten, die massive Rustikaquader vortäuschen, verleihen dem Erdgeschoss einen eher unzugänglichen Charakter.

Die beiden oberen Geschosse sind nahezu identisch. Zwischen den Pilastern durchbrechen große, von Rusikabögen gerahmte Zwillingsfenster die Fassade. Eine Mittelsäule teilt die Doppelfenster und trägt gleichzeitig ein Gebälkstück (▸ Architrav), auf dem das Bogenpaar ruht. Die Fenster folgen somit nicht mehr dem Fenstertyp des Palazzo Medici, sondern entsprechen Albertis Vorstellung, nach der – wie in der Antike – Bögen nicht auf Säulen aufliegen dürfen.

Die Vertikalgliederung der Pilaster findet in der horizontalen Aufteilung der Fassade durch fein profilierte Gesimse ihre Ergänzung. (...) Die Fenster des Palazzo Rucellai sind zweigeteilt wie die der anderen Florentiner Paläste, aber ein schmales Gebälk trennt das eigentliche Fenster von den abschließenden Zwillingsrundbogen. Der rechteckige Teil der Fenster entspricht in Höhe und Breite den Proportionen der Fassadenjoche, genauer gesagt dem jeweils von zwei Pilastern begrenzten Mauerabschnitt. So ist im Zusammenhang der gesamten Fassade jedem Detail sein bestimmter Platz unverrückbar zugewiesen. Dieses Kompositionsprinzip bezeichnet Alberti in seinen theoretischen Abhandlungen als das Wesen des Schönen. „Es ist", so schreibt er, „die Harmonie und die Übereinstimmung aller Teile, die dort erreicht wird, wo nichts verändert, nichts hinzugefügt oder weggelassen werden kann, ohne dass die Vollkommenheit des Ganzen vermindert wird."

Nikolaus Pevsner, 1985

Die Rustikabögen in den Portalachsen sind entsprechend dem Untergeschoss etwas breiter und um eine ganze Steinschicht höher als ihre Nachbarbögen. Zusammen mit den Wappenschildern akzentuieren sie so fast unmerklich den Rhythmus der Fassade und vermeiden trotz Wiederholung der Motive Monotonie in der Fassade.

✔ Vergleichen Sie die Fassadengestaltung des Palazzo Medici-Riccardi mit derjenigen des Palazzo Rucellai. Benennen Sie die Ursachen für die unterschiedlichen Wirkungen.

✔ Arbeiten Sie die Bezüge zwischen den Proportionen des Palazzo Rucellai in einer Zeichnung detailliert heraus (vgl. auch Seite 7).

✔ Entwerfen Sie die Fassade eines Mehrfamilienhauses nach einem von Ihnen erarbeiteten Proportionsschema des menschlichen Körpers.

1

26 Michelozzo Michelozzi: Palazzo Medici-Riccardi, 1444–1460, Florenz. Fassade. Familiensitz und gleichzeitig Verwaltungszentrum des Bankhauses Medici

27.1 Leon Battista Alberti (Entwurf), Bernardo Rossellino (Ausführung): Palazzo Rucellai, Florenz, 1446–1451

27.2 Fassadengliederung am Palazzo Rucellai. Aufrissausschnitt

2

Johann Dientzenhofer
(1663/Bad Feilnbach, Landkreis Rosenheim – 1726/Bamberg)
Johann Dientzenhofer stammte aus der berühmten bayerischen Baumeisterfamilie Dientzenhofer, die vor allem in Franken und Böhmen (Prag) tätig war.
Nach einem Studienaufenthalt in Italien baute er 1704–1712 den *Dom in Fulda* und ließ die bewegte Raumgestaltung des italienischen Barockarchitekten Francesco Borromini in die Gestaltung einfließen. Sein eindrucksvollster Sakralbau ist die *Benediktiner-Abteikirche Banz* (1710–1719) auf dem Grundriss mehrerer, sich überschneidender Ovale.

1

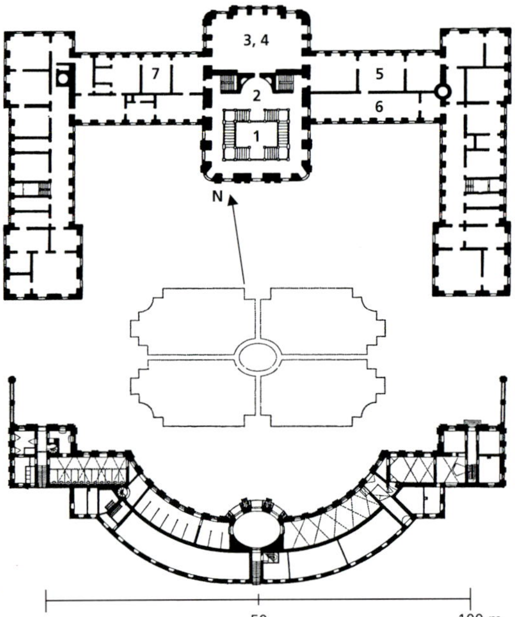

2

Obwohl als „privater" Wohnort des geistlichen Fürsten und nicht als Residenz für Herrscher und Hof geplant, weist Schloss Weißenstein sämtliche Merkmale einer repräsentativen Anlage auf.
Die Gesamtansicht von der Hofseite (Bild 28.1) und der Grundriss (Bild 28.2) zeigen eine klar gegliederte Dreiflügelanlage, die als wichtigster Typus deutscher Residenzschlösser gilt und ihre Vorbilder in Frankreich hat. Die drei Flügel, die in turmartigen Eckpavillons enden, umfassen den „cour d'honneur", den Ehrenhof. An der vierten Seite schließt der geschwungene Baukörper des Marstalls, der hauptsächlich die Pferdeställe enthielt, den Hof ab.

Mittel- und Seitenflügel sind zwei Geschosse hoch, der Mittel- und die beiden Eckpavillons sind um ein volles Geschoss höher. An den Hof- und Seiten-

Wie die Epoche des Barock in kirchlicher Hinsicht unter den Vorzeichen der Gegenreformation stand, war sie im weltlichen Bereich vom Absolutismus geprägt. Das gesteigerte Repräsentationsbedürfnis der fürstlichen Herrscher ließ prächtige Schlösser inmitten weitläufiger Gartenanlagen entstehen. Oft beteiligten sich die Bauherren mit eigenen Vorschlägen und Planungen an „ihrem" Schloss und hatten gleich mehrere Architekten unter Vertrag. Man hatte entdeckt, dass ein auf Wirkung hin konzipiertes Bauwerk Selbstdarstellung und Selbstverwirklichung ermöglichte, wie keine andere Kunstform es vermochte.

Der Erbauer des Schlosses Weißenstein in der Nähe von Bamberg war Lothar Franz von Schönborn, Kurfürst von Mainz und gleichzeitig Bischof von Bamberg. Die Familie von Schönborn beherrschte am Mittelrhein und in Franken große Territorien und beschäftigte namhafte Architekten, unter ihnen auch Balthasar Neumann (s. Seite 18 f).

3

28.1 Johann Dientzenhofer: Schloss Weißenstein, Pommersfelden/ Franken, 1711–1718
Ansicht vom Ehrenhof

28.2 Grundriss der Anlage mit Schloss, Ehrenhof und Marstall (Architekt Maximilian von Welsch)
1 Treppenhaus, 2 Vorsaal, 3 Gartensaal, 4 Marmorsaal (im OG), 5 „Privaträume" des Kurfürsten, 6 Große Galerie (Gemäldesammlung des Kurfürsten), 7 Gästeappartements

28.3 Marmorsaal mit Stuckausstattung, Deckengemälde von J. M. Rottmayr

fronten treten die Eckpavillons nur als flache ▸ Risalite vor, während der Mittelpavillon ungewöhnlich weit an beiden Fassaden herausspringt.
In der barocken Schlossbaukunst spielte die Symmetrie eine sehr wichtige Rolle. Das hatte zur Folge, dass die Mittelachse des Gebäudes betont wurde, meistens durch das Hauptportal, häufig durch einen darüber angebrachten Balkon und vor allem durch einen die Dachlinie unterbrechenden Giebel.
Dieser Mittelteil trat im Laufe der Entwicklung immer stärker aus der Wandflucht hervor, er erhielt eigene turmartige Bedachungen und üppigen bauplastischen Schmuck. Der ausgeprägte Mittelrisalit, wie er auch am Schloss Weißenstein vorzufinden ist, entwickelte sich zu einem wichtigen Bestandteil barocker Schlossarchitektur.

Die Räume in den Flügeln der Schlossanlage sind annähernd symmetrisch angeordnet. Säle, einzelne Zimmer und mehrräumige Eckappartements bilden ein Mischsystem, das Empfänge, privates Wohnen und die Beherbergung von Gästen gleichermaßen ermöglichte. Die Türen sämtlicher Räume sind axial aufgereiht, so dass man von einem Standpunkt aus bei offenen Türen alle Räume überblicken kann (▸ Enfilade).
Die drei Haupträume des Schlosses, Gartensaal, Marmorsaal und das offene Treppenhaus, befinden sich im Mittelpavillon. Über dem Gartensaal im Erdgeschoss erstreckt sich der bis in das Dachgeschoss durchgehende Festsaal, auch Marmorsaal genannt. In diesem überreich mit wertvollem Inventar, Spiegeln, Stuckverzierungen und Deckengemälden ausgestatteten Empfangs- und Repräsentationsraum (Bild 28.3) zeigt sich das Bestreben des Barock, die Grenzen des Architektonischen und des Bildnerischen zu verwischen, um ein „Gesamtkunstwerk“ aus Architektur, Malerei und Plastik zu schaffen.

Zu einem wesentlichen Bestandteil deutscher Barockschlösser entwickelten sich raumgreifende, schwungvolle Treppenanlagen. In Schloss Weißenstein reicht das Treppenhaus über alle drei Geschosse (Bild 29.2). Jede Seite wird von Galerien umzogen, die wie Laubengänge eines Schlosshofes wirken. Ein flaches Gewölbe mit einem Deckengemälde, das in einem offenen Himmel den Gott Apoll zeigt, der den vier Erdteilen Licht spendet, schließt den Raum nach oben hin ab.
Nicht nur die dominante Stellung macht das Treppenhaus zum zentralen Punkt der Anlage. Darüber hinaus schneiden sich hier alle Hauptachsen des Schlosses und der Gesamtanlage: Die Längsachse vom Ehrenhof durch das Erdgeschoss zum Gartensaal, die Querachse, die durch die Seitenflügel mit den aneinander gereihten Appartements verläuft und die Vertikalachse durch die drei Geschosse des Mittelbaus.
Die zweiarmig angelegte Treppe endet nach dreimaligem Richtungswechsel in einem kleinen ovalen Vorsaal, von dem aus der Zugang zum Marmorsaal möglich ist.

Bereits beim Eintreten ins ▸ Vestibül nimmt das Auge des Ankömmlings die verschiedenen, im Raum möglichen Bewegungen wahr (Bild 29.1). Nach Durchschreiten des Ehrenhofes und dem Eintritt in das Vestibül bildet die Treppe den Abschluss der Annäherung an das Schloss und bereitet den Empfang im glanzvollen Marmorsaal vor. Im Hinaufsteigen ergeben sich ständig wechselnde Blickrichtungen, unterschiedliche Raumeindrücke und neue Durchblicke. Die Treppe wird zum Ort der Bewegung, zum Ort einer gesteigerten Wahrnehmung in einer dynamischen Architektur.

✘ Entwerfen Sie eine Treppenanlage nach Ihren Vorstellungen für Ihr Schulgebäude/ein Modegeschäft/ein Internetcafé/eine mehrstöckige U-Bahn-Haltestelle. Beziehen Sie Funktionsabläufe in Ihre Überlegungen mit ein.

1
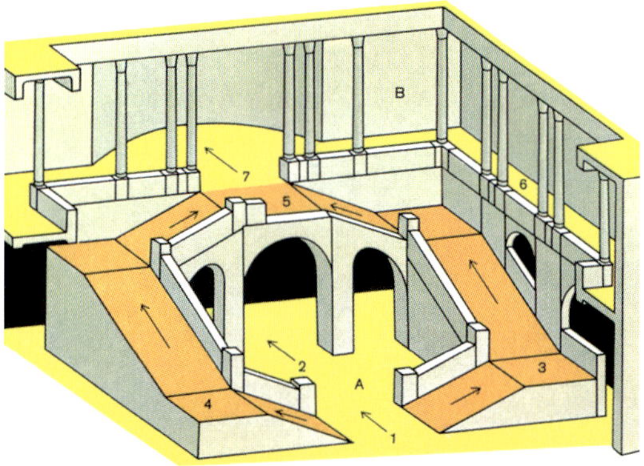

29.1 Schloss Weißenstein, Treppenhaus. Skizze der Bewegungsrichtungen
A Erdgeschoss
B Obergeschoss

1 vom Ehrenhof kommend
2 zum Gartensaal
3 rechter Arm
4 linker Arm
5 zentrales Podest
6 Umgang
7 zum Marmorsaal

2

29.2 Treppenhaus

30 Karl Friedrich Schinkel: Schauspielhaus, Berlin, 1818–1820
Hauptfassade mit Freitreppe zum Gendarmenmarkt

31.1 Schauspielhaus, Längs- und Querschnitt, 1821

31.2 Schauspielhaus, Grundriss 1. Obergeschoss, 1821

31.3 Fest- und Konzertsaal im Schauspielhaus

Die zweite Hälfte des 18. Jahrhundert, geprägt von den geistig-moralischen Ideen der Aufklärung, brachte in Deutschland (ebenso in England und Frankreich) eine neue Richtung hervor: den Klassizismus. Seine Architekten beriefen sich auf die Reinheit, Erhabenheit und harmonische Ordnung der antiken Formensprache. Bevorzugt wurde die griechische Antike, deren Bauwerke durch Reiseberichte bekannt geworden waren. Gleichzeitig formte sich mit dem Bildungsbürgertum eine neue Schicht heraus, für dessen Bedürfnisse neue Institutionen wie bürgerliche Museen oder Theater geschaffen wurden.

In Deutschland gilt Karl Friedrich Schinkel als bedeutendster Architekt des Klassizismus. Er arbeitete viel im Auftrag des Preußenkönigs Friedrich Wilhelm III., der ihn 1818 mit dem Bau des neuen Schauspielhauses beauftragte.
Der Vorgängerbau von Karl Gotthard Langhans war 1817 abgebrannt. Im Unterschied zu dem quergerichteten Saalbau sollte das neue Theater die hervorragende städtebauliche Lage auf dem weiten Platz zwischen Französischem und Deutschem Dom, beide Anfang des 18. Jahrhunderts erbaut, nutzen. Das neue Theater sollte kleiner sein, Proben- und Magazinräume und zusätzlich einen Konzert- und Festsaal enthalten. Aus Kostengründen sollten Teile des Altbaus wiederverwendet werden.

Aus den formalen Vorgaben entwickelte Schinkel die Dreiteilung des Baus, die zukunftsweisend für den Theaterbau werden sollte. Er stellte einen langgezogenen Rechteckbau auf die alten Fundamente, schob aber mittig einen breiteren und höheren Korpus ein, der den Theatersaal mit Bühnenhaus enthält. Die Schauseite mit großer Freitreppe, Giebel und ionischem ▸ Säulenportikus ist zum Platz hin ausgerichtet (Bild 30). An diesem typischen Merkmal klassizistischer Architektur lässt sich der Einfluss griechischer und römischer Tempelbauten besonders deutlich ablesen (vgl. Seite 10/11).
Der linke Flügel mit dem Konzertsaal und der rechte Flügel mit den theatertechnisch erforderlichen Räumen sind nach den Seiten ausgerichtet. Mit breiten Giebelfronten wenden sie sich der jeweils benachbarten Kirche zu.

Über den Stil der Architektur, welchen ich dem Gebäude gab, bemerke ich im Allgemeinen, dass ich mich, so viel es ein so mannigfach zusammengesetztes Werk irgend zulassen wollte, den griechischen Formen und Konstruktionsweisen anzuschließen bemühte. Alle Gewölbe in Bogenlinien sind deshalb (...) vermieden und die Konstruktion horizontaler Architraven überall durchgeführt.
Karl Friedrich Schinkel, 1820

Unter „griechischen Formen und Konstruktionsweisen" verstand Schinkel aber nicht die detailgenaue Nachbildung der Schmuckformen griechischer Bauwerke, sondern die Idee einer klaren tektonischen und visuellen Ordnung der Architektur. Die Baumassen des Schauspielhauses gliederte er

daher mit einem sichtbaren „Netzwerk“ aus großen, sich über den gesamten Bau erstreckenden und kleinen, die Stockwerkshöhe anzeigenden ▸ Pilastern. Dieses Netzwerk verbindet und vereinheitlicht die unterschiedlichen Maßstäbe der Baugruppen und ermöglichte innerhalb des Gittersystems die Füllung der Zwischenräume nach Bedarf durch Fenster oder Wandflächen.
Mit der Gruppierung der Baumassen und dem Gliederungssystem der Pilaster hatte Schinkel den Klassizismus auf eine sehr moderne Stufe gehoben. Die rasterartige Gliederung betont den Bau und lässt ihn als ästhetische Gesamtfigur erscheinen.

Der größtenteils von Schinkel entworfene Skulpturenschmuck in und auf den Giebeln stellt allegorische Szenen mit Bezug zum Theater dar. Auf dem Dachgiebel thront Apollo, Schutzherr der Künste.

Der Zuschauerraum über einem halbkreisförmigem Grundriss (Bild 31.2) war eine Kombination aus Rang- und Logentheater. Die drei Ränge wurden durch schlanke, gusseiserne Säulen abgestützt.
Der Konzertsaal im südlichen Flügel erstreckt sich durch zwei Geschosse (Bild 31.3). Im unteren Geschoss gliedert ihn ein einheitliches System von schmalen Wandabschnitten, zwischen denen nach Bedarf Fenster, Türen, Öffnungen zum Treppenhaus oder Gemälde eingelassen sind. Im Obergeschoss wechseln – der äußeren Pilastergliederung entsprechend – ▸ Pfeiler an den Längsseiten mit ▸ Säulenreihen an den Schmalseiten. Eine diagonal ausgerichtete ▸ Kassettendecke überspannt den gesamten Raum.
Die harmonische Raumwirkung, die von diesem Saal ausgeht, erzielte Schinkel durch die konsequente Bezugnahme der Bauteile aufeinander und deren ausgeprägte Formanalogien. Rechteckige Rahmungen gliedern die Wände. Den ▸ Voluten der ionischen Säulen entsprechen die Voluten der ▸ Konsolen und unterschiedlich große Kreisformen in Wandfeldern, Gebälk und Decke.

Schinkel vertrat die Auffassung, ein öffentliches Gebäude müsse neben den vorbildhaften Formen der Antike (dem sichtbaren Ordnungssystem) auch seine Funktionen zum Ausdruck bringen.

Hierbei ist zu bemerken, dass die Schönheit eines Gebäudes nicht in dem angebrachten Schmuck zunächst bestehe, sondern vorzüglich aus der Wahl der Verhältnisse erwachse, die aber ihren ersten Grund in der Verteilung und Anordnung des Planes haben, aus dem die Verhältnisse der Profile und Fassaden erst bestimmt werden können. Der Plan daher muss schon ein regelmäßiges ästhetisch geordnetes Ganzes sein, unerlässlich ist es aber auch, dass der Charakter des Gebäudes sich von außen vollkommen ausspreche und das Theater durchaus nur für ein Theater gehalten werden kann.

Karl Friedrich Schinkel, 1818

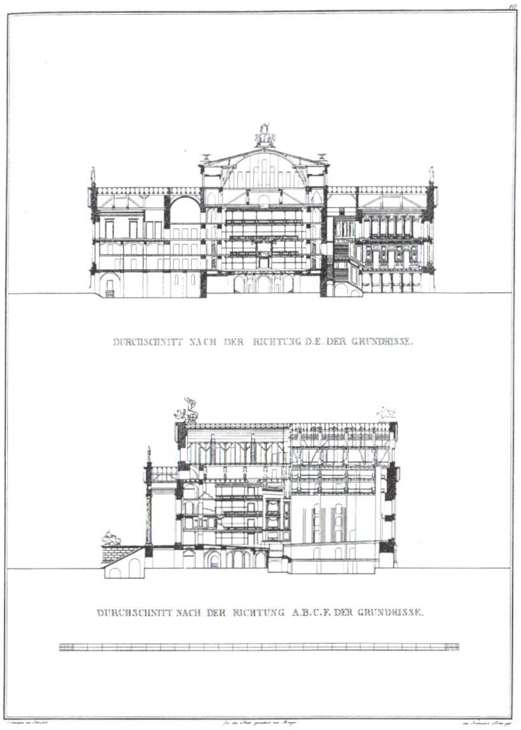

1

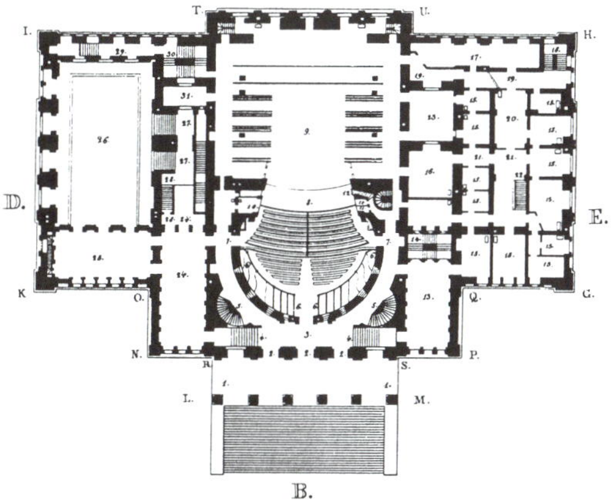
2

3

Karl Friedrich Schinkel
(1781/Neuruppin – 1841/Berlin)
Schinkel studierte an der Bauakademie in Berlin Architektur. Er beschäftigte sich professionell mit Malerei, wobei seine frühen Bilder eine romantische Neigung zum Mittelalter, insbesondere zur Gotik, zeigen.
Mit der *Neuen Wache*, einem Gebäude für die königliche Leibwache (1816) in Berlin begann seine Hinwendung zum Klassizismus.
Er wurde als Beamter in die oberste Baubehörde übernommen und beendete seine Karriere als Oberlandesbaudirektor. Als solcher überwachte er sämtliche Um- und Neubauten in Preußen.
Eine Englandreise (1826), die ihn mit den dortigen, weit entwickelten Industrie- und Zweckbauten konfrontierte, regte ihn zu neuen formalen Möglichkeiten an.

✔ Vergleichen Sie die Konzeption des Schinkel'schen Theaters mit dem antiken Theater von Epidauros (Seite 22) und dem Konzerthaus Liederhalle (Seite 44 f).

Victor Horta
(1861/Gent – 1947/Brüssel)
Horta studierte zunächst in Gent und dann an der Académie des Beaux-Arts in Brüssel. Seine ersten Bauten zeigten noch den klassizistischen Einfluss seines Lehrers Alphonse Balat.
Nach verschiedenen kleineren Arbeiten realisierte er 1892/93 das Wohnhaus Tassel in Brüssel, eines der ersten Bauwerke des europäischen Jugendstils.
Mehrere Jugendstil-Stadthäuser in Brüssel, die Horta zum Teil vollständig ausstattete, folgten. Neue Bauaufgaben erhielt Horta mit dem Verwaltungs- und Versammlungsgebäude für die belgische sozialistische Partei, dem *Maison du Peuple* (1896–1899) und dem Kaufhaus *A l'Innovation* (1901).
Nach einem Aufenthalt in den Vereinigten Staaten (1916–19) wandte sich Horta einer strengeren, klassizistisch inspirierten Formensprache zu.

✔ Auf welche Weise eröffnete Victor Horta der Architektur des 20. Jahrhunderts neue Wege? Arbeiten Sie die wesentlichsten Elemente seiner Formensprache heraus.

✔ Erläutern Sie am Beispiel des Hauses Tassel den Zusammenhang zwischen Fassade und Innenraumgestaltung.

✔ Vergleichen Sie das Haus Tassel mit dem Einfamilienhaus in Stuttgart von Le Corbusier (Seite 34 f). Arbeiten Sie im Hinblick auf Grundriss und Raumorganisation Gemeinsamkeiten und Unterschiede heraus.

Belgien hatte sich Mitte des 19. Jahrhunderts zu einer aufstrebenden Industrienation entwickelt. Zwischen 1870 und 1910 wuchs die Bevölkerung in Brüssel von 250.000 auf über 800.000 Menschen Damit einher ging ein starker wirtschaftlicher Aufschwung des Bürgertums. Der Wohlstand in der Hauptstadt brachte eine Fülle neuer Architekturexperimente mit unterschiedlichsten Materialien wie Stein, Ziegel, Eisen, Stahl und Glas mit sich.

Victor Horta fand seine Auftraggeber zunächst vor allem unter den Intellektuellen und Großindustriellen der belgischen Hauptstadt, die sich von ihm ihre Stadthäuser errichten ließen. Dabei entwickelte er ein revolutionäres Konzept: Als Erster verwendete er in privaten Räumen unverkleidetes Eisen sowohl als Konstruktions- als auch als Gestaltungselement. Der neue Baustoff Eisen ermöglichte ihm die Transparenz und Offenheit, die er in seinen Gebäuden verwirklichen wollte. In der Kombination von Eisen und Stein sah Horta die Möglichkeit, eine dem Industriezeitalter entsprechende, neue Formensprache zu entwickeln.
Das Haus Tassel entwarf Horta 1892 für seinen Freund, den Geometrieprofessor Emile Tassel. Den in Belgien üblichen Korridor ersetzte Horta durch ein oktogonales ▸ Vestibül mit einer großen Treppe, die zu den auf verschiedenen Ebenen angeordneten Räumen führt. Die Treppe erschließt das Haus und gestaltet den Weg wie einen Spaziergang nach oben – mit immer neuen Ein- und Ausblicken.

Die Wünsche des Besitzers waren die eines Junggesellen, der viele Freunde hatte, häufig Versammlungen abhielt und sich leidenschaftlich für die Fotografie interessierte.

Tassels Büro im ersten Stock sollte zu einem zentralen Teil des Gebäudes werden, wie aus dem großen Fenster in Form einer Loggia zu ersehen ist. (…)
Dieses neue Bauwerk reiht sich nicht mehr in die Linie des französischen Klassizismus ein. Die Enge der Fassade, die Tiefe des Grundstücks und die Höhe des Gebäudes – sie durfte nach den städtebaulichen Vorschriften die der anderen Häuser nicht übertreffen – stellten Schwierigkeiten dar, die es zu überwinden galt. Ihnen zum Trotz hebt sich dieser Bau durch die Freiheit des Ausdrucks von allen anderen ab. Die Symmetrie des Grundrisses ist an der Fassade abzulesen. In ihrer Mitte befindet sich ein breites, vollverglastes kreisbogenförmiges Erkerfenster, das beidseitig von Mauerflächen aus zweifarbigem Stein (ockerfarben und blau, die Lieblingssteine Hortas, die wir an fast all seinen Bauten finden) eingerahmt wird, welche sich leicht zur Mitte hin krümmen. (…)
Ein schweres Gesims auf Höhe der Geschossdecke des Erdgeschosses bildet die optische Stütze der ganzen Fassade und erfüllt gleichzeitig die Rolle eines Vordachs über dem Eingang. (…)

Horta verwendete das im Handel übliche gezogene Eisen für die mit Querriegeln konstruierten Pfosten, die symmetrisch zu den Nieten angelegt sind, um sie sichtbar zu machen; ebenso wie am Geländer, an dem die für die hohen Pfosten notwendige Steifigkeit zwei Reihen von Verzierungen verlangt. Innerhalb der Grenzen dieses präzisen statischen Systems, das vom Schiffs- und Eisenbahnbau inspiriert ist, führt Horta ein rein dekoratives Element ein, nämlich das Flacheisen, das in einer Krümmung geschmiedet ist und in der klei-

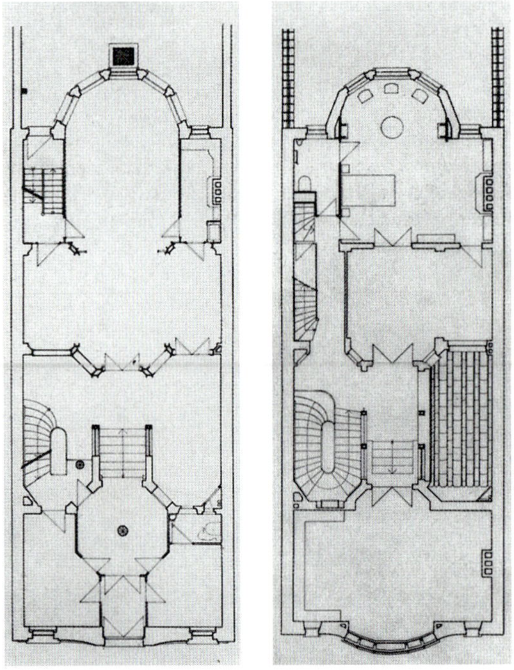
1

2

nen charakteristischen Gegenkrümmung, dem „Peitschenschlag", endet (...).
Die berühmte Treppe ist der gelungenste Teil des Bauwerks. Die Zimmer sind einfach und symmetrisch angeordnet: Man tritt durch die Eingangstür in eine erste Eingangshalle, die sich seitlich auf eine Garderobe und ein kleines Wohnzimmer öffnet, dann durch eine reich gestaltete Doppeltür mit farbigem Glas in ein oktogonales Vestibül, von dem aus die ersten Stufen der Treppe aufsteigen, die zum erhöhten Teil des Ergeschosses führen; danach folgt die Treppe einer leicht spiralförmigen Linie.

Hortas Gefühl für räumliche Anlagen (...) wird durch die präzise Hierarchie der Strukturen unterstrichen, die direkt an den dekorativen Effekten beteiligt sind. So streckt die Säule, die als Treppenbaum dient und einem Stamm gleich aufsteigt, Äste in Form von mit den Trägern verbundenen Konsolen aus; die Träger bestehen aus netzartigen Einheiten und enden in einer Biegung. (...)
Die Dekoration kann keinesfalls als zweitrangig betrachtet werden, sie ist vielmehr eine unentbehrliche Ergänzung des architektonischen Gesamtwerks.

Franco Borsi/Paolo Portoghesi, 1995

32.1 Victor Horta: Haus Tassel, Brüssel, 1892–1893. Grundrisse Erdgeschoss und erstes Obergeschoss

32.2 Ansicht der Fassade

33.1 Treppe ins erste Obergeschoss

33.2 Glasfenster auf dem Podest des ersten Obergeschosses

33.3 Farbiges Erkerfenster

1

2

3

✔ Welche Funktion übernimmt die Farbe in und am Haus Tassel?

✔ Beschreiben Sie anhand der Abbildungen die Merkmale der Jugendstilarchitektur. Gibt es eine gemeinsame Formensprache mit kunsthandwerklichen Objekten und Gebrauchsgegenständen der damaligen Zeit? Sammeln Sie Beispiele.

✘ Suchen Sie in der Natur oder auf Abbildungen nach organischen Formen bei Pflanzen und Blumen. Fertigen Sie danach Zeichnungen von Architekturdetails (Türklinke, Treppenfuß, Fensterrahmen etc.).

Le Corbusier
eigentl. Charles-Edouard Jeanneret-Gris (1887/La Chaux-de-Fonds, Schweiz, bis 1965/Cap Martin-Roquebrune, Frankreich)
1900 begann Le Corbusier eine Ausbildung zum Graveur-Ziseleur in seiner Heimatstadt. Bereits 1905 errichtete er dort sein erstes Bauwerk, eine Villa.
1908 lernte er in Paris im Atelier von Auguste Perret die Möglichkeiten der Stahlbetonkonstruktion kennen.
1944 veröffentlichte er die Charta von Athen, Überlegungen und Forderungen zu einer modernen, funktionellen Großstadt.
Um 1947 begann Le Corbusier, den rationalen, flächigen Glas- und Metallstil des Funktionalismus aufzugeben und wandte sich einem ausgeprägt plastischen Stil zu. Daneben entwickelte er ein eigenes und für seine Bauten verbindliches Maßsystem, den so genannten „Modulor", der von den Proportionen des menschlichen Körpers ausgeht (vgl. Seite 7). Ein Beispiel dafür ist die *Unité d'habitation* in Marseille (1947–52), ein Hochhauskomplex auf wuchtigen Stützen mit 337 Wohneinheiten, Geschäften und Freizeiteinrichtungen.
Der plastische Stil prägte auch sein Spätwerk, etwa den expressiv geformten, skulpturalen Bau der *Wallfahrtskirche Notre-Dame-du-Haut* in Ronchamp (1950–54) oder den *Justizpalast* im indischen Chandigarh (1950–56).

34 Le Corbusier/Pierre Jeanneret: Einfamilienhaus, Bruckmannweg 2. Weißenhofsiedlung, Stuttgart, 1927. Ansicht von Osten

1927 wurde auf dem Weißenhofgelände am Stuttgarter Killesberg die vom Deutschen Werkbund organisierte Ausstellung „Die Wohnung" eröffnet. Unter der künstlerischen Leitung Ludwig Mies van der Rohes zeigten die wichtigsten Architekten jener Zeit ihre Ideen zur Bauaufgabe „Die Wohnung für den modernen Großstadtmenschen". Allerdings war nicht die Wohnung für das Existenzminimum zur Diskussion gestellt, sondern Wohnungen für den „gebildeten Mittelstand".
21 Musterhäuser mit insgesamt 63 Wohnungen konnten in der Weißenhofsiedlung besichtigt werden. Mies van der Rohe hatte bei der Auswahl der Architekten, die Beiträge zur Frage der „neuen Wohnung" entwickeln sollten, besonderen Wert auf die Teilnahme Le Corbusiers gelegt.

Bereits 1914 hatte Le Corbusier das Konzept der *dom-ino-Häuser* erarbeitet, ein einfaches Bausystem zur industriellen Serienproduktion von Stahlbetonhäusern.
In einer Anekdote berichtet Le Corbusier, wie er 1920 mit seinem Vetter Pierre Jeanneret in Paris in einer kleinen Kneipe saß und plötzlich in den räumlichen Eigenheiten des Lokals die Grundlagen für die Organisation eines Wohnhauses entdeckte:
(...) eine Bar (le zinc), im Hintergrund die Küche; eine Galerie teilt die Höhe des Lokals; das Ganze ist gegen die Straße geöffnet. Man entdeckt dies plötzlich und bemerkt, dass man alle Elemente vor sich hat, die zum Bau eines Wohnhauses notwendig sind. Vereinfachung der Lichtquellen; eine einzige große Öffnung an jedem Ende; zwei seitliche Tragwände; darüber ein flaches Dach; eine Schachtel also, die sehr wohl als Haus dienen kann.

Le Corbusier, 1920

Zwischen 1920 und 1922 folgten dann die Studien zu den *Citrohan-Häusern*, schachtelartige Bauten, zum Teil auf Stützen gestellt, mit standardisierten Konstruktionselementen. Die Häuser, deren Name der Architekt in Anlehnung an die Automarke *Citroën* wählte, sollten wie ein Autobus oder eine Schiffskabine eingerichtet sein, funktionell und „maschinell".

In der 1923 erschienenen Publikation *Vers une Architecture* (Ausblick auf eine Architektur) formulierte Le Corbusier seine Leitsätze einer neuen Architekturauffassung:

I. Die Ozeandampfer
Ein großes Zeitalter ist angebrochen.
Ein neuer Geist ist in der Welt.
Es gibt eine Fülle von Werken des neuen Geistes; man begegnet ihnen vor allem in der industriellen Produktion.
Die Architektur erstickt am alten Zopf.
„Stile" sind Lüge.
(...)
Unsere Zeit prägt täglich ihren Stil.
Leider sind unsere Augen noch nicht fähig, ihn zu erkennen.

II. Die Flugzeuge

Das Flugzeug ist ein Ausleseprodukt hoher Qualität.

Die Lehre, die uns das Flugzeug erteilt, liegt in der Logik, welche Problemstellung und Verwirklichung diktierte.

Das Problem des Hauses ist noch nicht gestellt worden.

Die gegenwärtige Handhabung der Architektur entspricht nicht mehr unseren Bedürfnissen. (...)

Das Haus ist eine Wohnmaschine.

III. Die Autos

Um an das Problem der Perfektion heranzugehen, müssen Typen entwickelt werden. (...)

Baukunst ist Typenbildung.

Typen sind Sache der Logik, der Analyse, gewissenhaften Studiums; sie entstehen auf Grund eines richtig gestellten Problems. Die Erfahrung legt den Typ dann endgültig fest.

Le Corbusier, 1923

Für die Weißenhofsiedlung bauten Le Corbusier und Pierre Jeanneret ein Einfamilienhaus, dessen Konzeption auf dem Typ „Citrohan" beruht und ein Doppelwohnhaus. Beide Häuser wurden in Stahlbetonskelettbauweise ausgeführt. Die Innenraumeinrichtung wurde ebenfalls von den Architekten bis ins kleinste Detail vorgegeben (Bild 35.2).

Anlässlich der Werkbund-Ausstellung in Stuttgart formulierte Le Corbusier die „Fünf Punkte zu einer neuen Architektur", die zur Grundlage seines Schaffens und zu Leitsätzen der Architekturmoderne wurden:

1. Das Haus auf Stützen: Früher stand das Haus auf Fundamenten in der Erde, auf dunklen und oft feuchten Kellerräumen.
Der Eisenbeton schenkt uns die Stützen. Das Haus schwebt nun in der Luft, ist vom Boden getrennt und der Garten setzt sich unter ihm fort.
2. Die Dachgärten: Die bebaute Fläche eines Grundstücks kann durch ein flaches Dach zurückgewonnen werden. (...) Der Dachgarten wird zum bevorzugtesten Aufenthalt des Hauses (...).
3. Der freie Grundriss: Das Stützensystem trägt die Decken aller Stockwerke. Die Trennungswände können in jedem Geschoss beliebig aufgestellt werden (...). Tragende Mauern gibt es nicht mehr (...).
4. Das lange Fenster: (...) Der Eisenbeton ermöglicht endlich lange Fenster und damit auch ein Maximum an Licht.
5. Die freie Fassade: Durch Vorschieben der Decken vor die tragenden Pfeiler (...) wird die Fassade von allen tragenden Bauteilen befreit. (...) Die Fassade ist absolut frei.

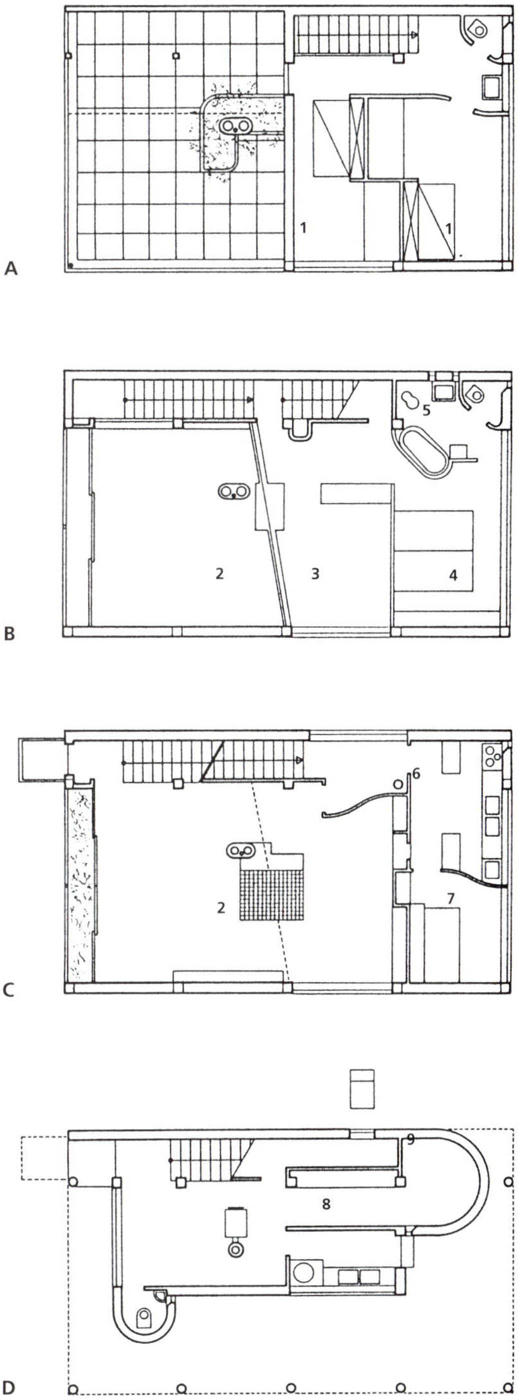

A

B

C

1 D

2

35.1 Grundrisse:
A Terrassengeschoss:
1 Kinder-/Gästezimmer
B Zwischengeschoss:
2 Wohnraum, 3 Arbeitszimmer, 4 Schlafzimmer, 5 Bad
C Wohngeschoss: 2 Wohnraum mit Essbereich, 6 Küche, 7 Mädchenzimmer
D Untergeschoss: 8 Waschküche, 9 Keller

35.2 Der über zwei Geschosse reichende Wohnraum, Inneneinrichtung von Le Corbusier und Pierre Jeanneret. Die großen Fenster ermöglichen den Lichteinfall bis unter die Galerie.

✔ Lesen Sie Le Corbusiers Leitsätze aus *Vers une architecture* und diskutieren Sie seine Vorstellung des Hauses als „Wohnmaschine".
Ist dieser Anspruch in diesem Einfamilienhaus erfüllt worden? Prüfen Sie unter konstruktiven, formalen und ästhetischen Aspekten.

✔ Auf welche Weise bestimmen Konstruktion und Baumaterialien die äußere Form des Hauses?

✔ Ein Kritiker schrieb 1927 in einer Fachzeitschrift:
Wenn der Wohntypus dem Menschentypus entsprechen soll, so kann man sich als Bewohner der corbusierschen Häuser nur eine bestimmte Art von Intellektuellen denken (...) welche unbeschwert von „historischem Ballast", unsentimental, freizügig und heimatlos, von allen Bindungen sich lösend, solch ein Nomadenzelt aus Eisen und Beton vielleicht bewohnen möchten, das trotz seiner materiellen Härte nicht (...) bodenständig ist (...). Gewiss, der Intellektuelle ist eine Form des heutigen Menschen, aber ist er der Typus, dessen Ansprüche und Bedürfnisse die Form des Wohnungsbaus bestimmen sollen?
Nehmen Sie Stellung.

Historismus
Epochenbegriff, der besonders das letzte Drittel des 19. Jahrhunderts bezeichnet, in der Architektur durch Rückgriffe auf historische Baustile gekennzeichnet.
Anders als in der Renaissance oder im Klassizismus wurde das Vorbild aber nicht zum Ausgangspunkt eigenständiger Neuschöpfungen, sondern es wurde stilgetreu übernommen. Es entstand ein regelrechter Stilpluralismus, oft existierten an einem Gebäude mehrere Stilrichtungen nebeneinander. Einzelne Stilrichtungen galten als besonders angemessen für bestimmte Gebäudetypen: Gotik für Kirchenbauten, Renaissance für Kommunalbauten, Barock für Bürgerhäuser.

Zu den wichtigsten Bauaufgaben, vor die sich das ausgehende 19. Jahrhundert gestellt sah, gehörte der Bahnhofsbau. Die Erfindung der Dampflokomotive durch George Stephenson im Jahr 1841 hatte zu einer explosionsartigen Ausweitung der Mobilität geführt. Das öffentliche Eisenbahnsystem breitete sich von England rasch über Europa aus.

In den ersten Jahrzehnten nach Erfindung der Eisenbahn entstanden die Bahnhöfe häufig noch am Rande der Städte. Mit der Ausweitung der Industrialisierung, als die Furcht vor der Technik allmählich der Erkenntnis wich, dass die Eisenbahn zu gesteigerter Mobilität und Förderung der wirtschaftlichen Bedeutung einer Region beitragen konnte, gestalteten die Bahnhöfe das Erscheinungsbild der Städte maßgeblich mit. Ihr Standort bestimmte häufig die Hauptrichtung der geplanten Stadterweiterungen.
Die mächtigen Kopf- und Durchgangsbahnhöfe des Historismus markierten mit ihrer weithin sichtbaren Turm- und Triumphbogen-Architektur die neuen Stadtportale, die symbolisch die alten Stadttore ersetzen sollten.

Man begann mit bescheidenen Biedermeierhäuschen, entwickelte daraus Patrizierpaläste und säkularisierte Kirchen und endete schließlich bei technischen Kathedralen, Domen und Palästen.
Hermann Glaser, 1997

Die 1866 preußisch gewordene Reichsstadt Frankfurt am Main besaß um 1880 im Westen der Stadt mehrere kleinere Bahnhöfe für die verschiedenen Verbindungen ins Umland. Da dies unübersichtlich und unwirtschaftlich war, tauchten Pläne für Umgestaltungsmaßnahmen auf.
Im Juli 1880 wurde ein groß angelegter Wettbewerb „für die Bearbeitung der Pläne des Empfangsgebäudes" ausgeschrieben, an dem sich – wie üblich, wenn es um derartige Prestigebauten ging – die renommiertesten in- und ausländischen Architekturbüros jener Zeit beteiligten. 600 Meter vom geschlossenen Stadtkern entfernt sollte der neue Großstadtbahnhof inmitten eines ländlich-dörflich strukturierten Gebiets errichtet werden und dieser Bereich damit gleichzeitig städtebaulich neu geordnet werden.

Aufgrund der genau festgelegten Vorgaben wiesen die eingereichten Entwürfe in Grundriss- und Baukörperkomposition große Ähnlichkeiten auf: Das ▶ Vestibül, die große mittlere Eingangshalle wurde von niedrigen Seitenflügeln gerahmt, die in Pavillonbauten übergingen. Die Breite des Vestibüls und der mittleren Bahnsteighalle entsprachen sich meistens. Das Repertoire der vorgeschlagenen Stilformen reichte allerdings von Anklängen an römische Kaiserthermen über italienische Palastarchitektur der Hochrenaissance bis hin zu schlossähnlichen Barockfassaden.

1

36.1 Otto Warth: Entwurf für den Hauptbahnhof Frankfurt, Stadtfassade, 1880
Die Empfangshalle schiebt sich mit ihrer triumphbogenähnlichen Fassade als ▶ Mittelrisalit vor. Hinter der Vorhalle erhebt sich eine zweite Schauwand aus Säulenarkaden und ▶ Thermenfenstern. Über den Gleishallen sollten neun Kuppeln dominieren.

2

36.2 Franz Schwechten: Entwurf für den Hauptbahnhof Frankfurt, Stadtfassade, 1880
Die mittlere Bahnsteighalle ist als Empfangshalle verlängert, Architektur und Ingenieurbau durchdringen sich. Ihre Front wird durch monumentale ▶ Arkaden gegliedert. In den Zwickeln befinden sich neoromanische Radfenster.

3

36.3 Hermann Eggert: Hauptbahnhof Frankfurt, Stadtfassade nach Fertigstellung, 1888
Das Bogenprofil der Bahnsteighallen wurde auf den vorgelagerten Baukörper der Empfangshalle übertragen. ▶ Rustizierung, Kuppeltürmchen und Obelisken zitieren Formen der „Deutschen Renaissance".

Den ersten Preis im Wettbewerb errang der damalige „Universitäts-Baumeister“ von Straßburg, Hermann Eggert (1844–1920). Trotzdem wies sein Entwurf in den Augen der Jury noch keine „Baureife“ auf, er musste mehrfach überarbeitet werden.

Den Auftrag für die Konstruktion der Bahnsteighalle erhielt der Ingenieur Johann Wilhelm Schwedler (1823–1894), der bereits in Berlin für den Ost-, Lehrter und Görlitzer Bahnhof entsprechende Hallen konstruiert hatte. Die „Arbeitsteilung“ in Architekt und Bauingenieur war zu jener Zeit eine Selbstverständlichkeit geworden. Vereinten die Baumeister früherer Zeit noch alle für den Bau wichtigen Kenntnisse in einer Person, kam es mit der Entwicklung des Ingenieurbaus auch zu einer Trennung zwischen akademisch gebildetem Architekten und praxisorientiertem Ingenieur, der sich in der Statik und Baustoffkunde auskannte.

Die Vorbilder für große Bahnsteighallen fanden sich in England: weit gespannte Stahlkonstruktionen auf dünnen Stützen, mit Glas bedeckt. Die Bahnsteighalle der Londoner St.-Pancras-Station (1863–76) besaß eine lichte Spannweite von 73,1 Metern. Das stellte damals einen absoluten Rekord im Stahlbau dar. Die Frankfurter Halle mit einer Länge von 186 Metern und einer Breite von 168 Metern gliederte sich in drei untereinander identische Schiffe mit Spannweiten von jeweils 56 Metern und einer Scheitelhöhe von 29 Metern.
Jedes Schiff wurde von ausgefachten ▸ Bogenbindern überspannt, die auf der Höhe der Bahnsteige ansetzten. Die Fußpunkte und Scheitel der Binder waren gelenkartig ausgebildet. Diese statisch optimalen „Dreigelenk-Bogenbinder“ (Bild 37.1) hatte Schwedler selbst entwickelt.

Jedes Schiff wurde von 20 Fachwerk-Bogenbindern aus Schmiedeeisen überspannt. 17 von ihnen waren als „Regelbinder“ identisch konstruiert: Zwei Binderhälften auf Gelenksockeln (... ca. 0,50 m hoch) vereinigten sich im Scheitelgelenk zu einer Bogenkonstruktion. Ober- und Untergurte waren durch Radialstreben und dazwischen durch Andreaskreuze miteinander verbunden; zu den Gelenken hin waren jeweils drei Abschnitte vollwandig verblecht. (...)
Zum Scheitelgelenk liefen die Gurte spitz aufeinander zu. In der Gesamt-Binderansicht ergaben so die Krümmungen der Obergurte Rund-, die der Untergurte Spitzbögen. (...)
Die Dachfläche jedes Schiffes öffnete sich (...) in Oberlichtfeldern, die aus je drei Satteldächern pro Binderjoch bestanden. Hier lagen auf Eisensprossen weiße, geriffelte Rohglasplatten. Hinter den Bindersystemen selbst lagen dunkle Wellblechstreifen.

Ulrich Krings, 1985

Was jedoch Fragen aufwirft (...) ist die Tatsache, dass die Bahnhofsbauten aus der Hochblüte der Eisenbahnentwicklung keine dieser Technik adäquate Identität oder gar stilistische Ausprägung gefunden haben. Dabei hätte so nahe gelegen, dass die neue Technologie, dass das Eisen, die Dynamik der Bewegung und der gesellschaftliche Wandel genügend eigenständige Kraft hätten entwickeln können, um neue Bauformen zu konstituieren und die Ausdruckskraft der neuen Ingenieurbauten in die Architektursprache zu übernehmen, statt jeden neuen Bahnhofswettbewerb als eklektisches Suchspiel mit der Frage „Welchen Stil hätten Sie denn gern ?“ zu absolvieren.

Meinhard von Gerkan, 1997

Ingenieurbau
Die technischen Errungenschaften auf dem Gebiet der Erzeugung und Weiterverarbeitung neuer Baumaterialien wie Gusseisen, Stahl und Glas ermöglichten es, im 19. Jahrhundert in bisher unbekannten Dimensionen zu bauen. Zuerst wurden die neuen Materialien und Konstruktionstechniken, beispielsweise die Montage vorfabrizierter Teile, bei Zweckbauten wie Gewächshäusern, Ausstellungshallen und Brücken genutzt. Zunehmend wurden sie zur Bewältigung neuer Bauaufgaben (Fabrik-, Bahnhofs-, Messehalle) eingesetzt.

✔ Diskutieren Sie das Zitat des Architekten M. von Gerkan. Trifft seine Einschätzung auch auf den Frankfurter Bahnhof zu?

✔ Verfassen Sie eine kurze, fiktive Beschreibung der Frankfurter Bahnsteighalle aus der Sicht eines ankommenden Reisenden aus der damaligen Zeit.

✔ Vergleichen Sie den Bahnhof in Frankfurt mit dem TGV-Bahnhof in Lyon (Seite 52 f).

✘ Dokumentieren Sie mit Foto-/Videoaufnahmen den Bahnhof Ihrer Stadt. Versuchen Sie, anhand verschiedener Informationen (Stadtbauamt, Zeitungsarchive etc.) seine Baugeschichte darzustellen.

✘ Führen Sie Interviews mit Besuchern des Bahnhofs. Was erwarten Reisende heutzutage von einem Bahnhof? Gibt es Dienstleistungen, die über das „Reisen“ hinausgehen?

1
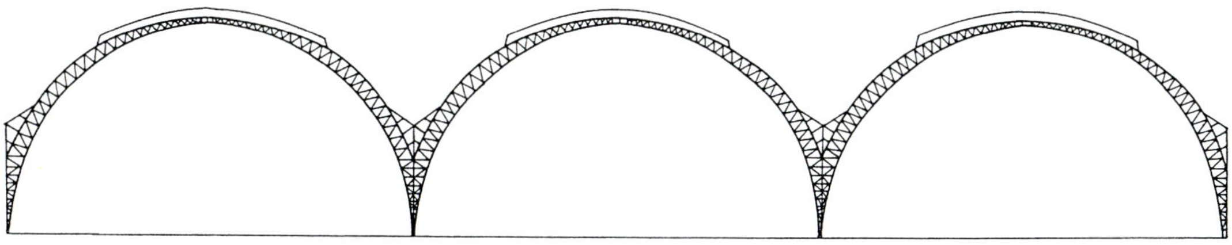

2

37.1 Dreigelenk-Binder zur Überspannung der Bahnsteighalle

37.2 Die dreischiffige Halle auf einem Stich um 1890

Gartenstadt-Bewegung
Als Reaktion auf die überfüllten und verschmutzten Industriestädte und die sozialen Folgen des ungezügelten Kapitalismus begann sich 1899 zuerst in England unter dem Reformer Ebenezer Howard die Gartenstadt-Bewegung zu formieren. Howard verfolgte den Gedanken einer Synthese zwischen Stadt und Land. Seine Vorstellung einer idealen Siedlungsart sah – in räumlicher Nähe zu einer Großstadt – eine autarke Gartenstadt im Grünen mit kulturellen und gemeinschaftlichen Einrichtungen vor.
Seine Ideen wurden in Deutschland mit großer Aufmerksamkeit verfolgt. Besonders bei der zeitgenössischen „Lebensreformbewegung“, die sich auch dem Kampf gegen die gründerzeitliche Mietskaserne verschrieben hatte, stießen sie auf starke Resonanz. 1902 erfolgte die Gründung der Deutschen Gartenstadt-Gesellschaft in Berlin.

Eine der vordringlichsten Bauaufgaben nach dem Ersten Weltkrieg war die Bereitstellung von bezahlbarem Wohnraum. Während des Krieges war praktisch die gesamte Bautätigkeit zum Erliegen gekommen, allein in Berlin konstatierte man 1920 einen Fehlbestand von 130 000 Wohnungen.
Energischer als in den Jahren zuvor nahmen sich jetzt Politiker und Stadtplaner der Notsituation an und schufen auf kommunaler Ebene die Voraussetzungen für den sozialen Wohnungsbau. Der Siedlungsbau, der sich aus der Gartenstadt-Bewegung heraus zu einer neuen, großstädtischen Wohnform an der Peripherie der City entwickelt hatte, ermöglichte mit seinem Schwerpunkt auf der Kleinwohnung erstmals einer breiten Bevölkerungsschicht eine menschenwürdige Behausung. Vor allem in Berlin und Frankfurt am Main wurden herausragende architektonische Leistungen erzielt.

Ab Mitte der 20er Jahre bis 1933 entstanden in Berlin eine ganze Reihe von Siedlungen – in architektonischer Hinsicht dem neuen Bauen und auf sozialer und politischer Ebene genossenschaftlichen und sozialdemokratischen Ideen verpflichtet.
In Berlin-Britz wurde 1925–27 die erste Großsiedlung mit etwa eintausend Wohnungen gebaut. Federführender Architekt war Bruno Taut, der zusammen mit dem damaligen Stadtbaurat Martin Wagner die Planung erstellt hatte.

Taut, der aus der Gartenstadt-Bewegung kam und vor dem Krieg mit Ausstellungspavillons für verschiedene Industriebranchen bekannt geworden war, galt als radikaler und linksgerichteter Sozialreformer. Mit zahlreichen Aktionen und Publikationen hatte er an den geistig-kulturellen Auseinandersetzungen der Nachkriegszeit teilgenommen. In seinen Schriften prangerte er die sozialen Ungerechtigkeiten und die hygienischen, politischen und gesellschaftlichen Missstände in der kapitalistischen Stadt an. Sein Gegenentwurf war immer die genossenschaftlich organisierte Siedlung, eine sozialistische Lebensform, die aber frei von jeglichen Herrschaftsansprüchen sein sollte.
In Berlin-Britz bot sich Taut erstmals die Gelegenheit, seine Vorstellung einer neuen, humanen und sozial verträglichen Wohnbebauung zu verwirklichen.
Schon die Baustelle in Britz war ein regelrechtes Experimentierfeld: Zum ersten Mal wurden in großem Umfang Bagger zur Ausschachtung eingesetzt, es wurden vorfabrizierte und normierte Bauteile verwendet und die Arbeitsabläufe aus Kostengründen so weit wie möglich rationalisiert.

Das Zentrum der Bebauung bildet eine 350 Meter lange, weiß verputzte, geschwungene Hauszeile, die in Form eines Hufeisens um eine bereits vorhandene Bodensenke mit Teich gebaut wurde (Bild 38). Die eindrucksvolle Form gab der Wohnanlage ihren Namen „Hufeisensiedlung“.
Die geschlossene Hauszeile selbst ist dreigeschossig und besitzt ein flaches Pultdach. Die Zugänge und Treppenhäuser des „Hufeisens“ liegen an der Außenfront, der umgreifenden Straße zugewandt. Im Inneren der Anlage ist die Fassade nur durch das im rhythmischen Wechsel wiederkehrende Motiv der Loggien- und Fensteröffnungen gegliedert.
Die städtebauliche Struktur des „Hufeisens“ leitet zu einem weiteren, rhombenförmigen Platz mit Gartenanlage, dem „Hüsung“, über.
Das „Hufeisen“ umstehen strahlenförmig angeordnete zweigeschossige Reihenhauszeilen mit Satteldach. Durch Vor- und Rücksprünge in den Hauszeilen, das Abknicken von Straßenräumen oder platzartige Aufweitungen erhält jeder Straßenzug einen eigenständigen Charakter.
Als Abschluss der Siedlung konzipierte Taut entlang der Fritz-Reuter-Allee eine strenge, nur durch einige schmale Lücken unterbrochene Zeile von insgesamt 32 gleichartigen, dreigeschossigen Wohneinheiten (Bild 39.1).

✔ Analysieren Sie die städtebauliche Form des „Hufeisens“. Was war daran neu? Welche symbolhafte Bedeutung könnte damit verbunden gewesen sein?

✔ Bruno Taut baute in Britz standardisierte, hundertfach wiederholte Wohneinheiten. Mit welchen Mitteln vermied er Eintönigkeit?

✔ Arbeiten Sie im Vergleich von Bild 39.2 mit Bild 39.3 die Unterschiede heraus.

✔ Fertigen Sie einen Aufriss der Straßenfront eines mehrstöckigen Hauses an. Kopieren Sie diesen mehrfach und kleben Sie die Blätter aneinander, um eine durchgehende Front zu erhalten. Versuchen Sie, die Einheiten mittels Farbe zu gliedern (vgl. Seite 8).

Um die rot verputzte Zeile zu gliedern, rückte Taut die Treppenhauskuben leicht vor die Fassade und zog sie über die Dachkante hinweg. Mit ihren vertikalen Reihen der lukenartigen Treppenhausfenster wirken sie fast wie Wehrtürme. Der dunkelrote Fassadenanstrich brachte der Zeile im Volksmund bald die Bezeichnung „Rote Front“ ein – nicht ganz zu Unrecht, denn Taut hatte sie als bewussten Kontrapunkt zu der gegenüberliegenden kleinbürgerlichen Beamtenwohnsiedlung (Bild 39.3) geplant.

Vorbildlich war in Britz auch die Grüngestaltung der Siedlung. Jeder Erdgeschosswohnung war ein eigener Mietergarten zugeordnet, die übrigen Wohnungen waren mit Balkonen oder Loggien ausgestattet – ein Novum im Arbeiterwohnungsbau.
Für Bruno Taut war der Bau von Wohnungen gleichbedeutend mit dem Schaffen humaner Lebensräume. Er war überzeugt davon, dass sich „gute“, also sozial verträgliche und kommunikative Architektur positiv auf die Bewohner auswirke und Veränderungsprozesse in Gang setze.

1

2

Bruno Taut
(1880/Königsberg – 1938/ Istanbul)
Nach Maurerlehre und Architekturstudium absolvierte Taut 1904 –1908 eine Lehre bei Theodor Fischer. Berühmt wurde er 1914 mit dem „Glashaus“, einem Ausstellungspavillon der Glasindustrie. 1913 Planung der beiden Gartenstädte „Reform“ bei Magdeburg und „Falkenberg“ in Berlin-Grünau. 1921-23 Stadtbaurat in Magdeburg, wo er mit dem Propagandafeldzug für mehr Farbe im Stadtbild Aufsehen erregte. Seine Siedlungsbauten der 20er Jahre waren richtungsweisend für den Massenwohnungsbau. 1933 emigrierte Taut über Russland und Japan in die Türkei.

In der Hufeisensiedlung hatte das politisch und organisatorisch Neue der genossenschaftlichen Großsiedlung erstmalig einen architektonischen Ausdruck gefunden. Gegenüber der üblichen bürgerlichen Scheinarchitektur solcher Komplexe, bei denen die Masse gleicher Wohneinheiten in möglichst individualisierte Häuser oder Gliederungen aufgelöst wurde, zum Beispiel bei der gleichzeitig in unmittelbarer Nachbarschaft entstandenen Siedlung des Beamtenwohnungsbauvereins DeGeWo, machte Taut die Kollektivität zum stilbildenden Faktor.
Diese benachbarte Siedlung der DeGeWo von Engelmann und Fangmeyer [Bild 39.3] *wurde damals von der Presse und den Behörden als die bessere, die bürgerliche Lösung empfunden. Die Topografie mit starken Geländebewegungen und mit einem Teich, das Bauprogramm mit Miethäusern an den Straßen und Flachbauten dahinter und selbst die starke Farbigkeit (...) waren ähnlich. (...)*
Das Siedlungskonzept [der DeGeWo] *war kleinbürgerlich und retrospektiv. Taut und Wagner dagegen suchten nach einem neuen Ausdruck. Ihre Konzeption war auf ein progressives, demokratisches Gesellschaftsmodell bezogen.*
Karl-Heinz Hüter, 1988

3

38 Bruno Taut/Martin Wagner: Hufeisensiedlung Britz, Luftbild der Siedlung, um 1927. Am unteren Bildrand die Siedlung der DeGeWo (Wohnungsbaugesellschaft für Beamte und Angestellte)

39.1 Treppenhäuser der Randbebauung an der Fritz-Reuter-Allee, „Rote Front“

39.2 Ecke Parchimer Allee/Fritz-Reuter-Allee in farbiger Gliederung

39.3 Siedlung der DeGeWo in Britz, 1926–1928

1

40.1 Erich Mendelsohn: Kaufhaus Schocken, Chemnitz, 1928–1930. Ansicht der Hauptfassade zur Brückenstraße

40.2 Erich Mendelsohn: Entwurfsskizze für das Kaufhaus Schocken in Chemnitz, 1928

41.1 Aufriss der Hauptfassade

41.2 Blick in einen Verkaufsraum. Deutlich erkennbar der Kragarm, der die Geschossdecke trägt

41.3 Das Kaufhaus in seinem städtebaulichen Umfeld. Luftbild von 1930

Die ersten großen Warenhäuser etablierten sich um die Jahrhundertwende in den Großstädten und Ballungszentren. Der gesellschaftliche Wandel hatte auch ein geändertes kommerzielles Verhalten mit sich gebracht: Ein umfangreicheres Warenangebot erforderte geeignete Verkaufsräume, die Kunden verlangten nach einer angemessenen Präsentation und die Unternehmer entdeckten die Werbewirksamkeit großer, moderner Verkaufshäuser.

Die Brüder Simon und Salman Schocken, aus einer jüdischen Kaufmannsfamilie stammend, gründeten 1907 nach dem Erwerb eines Warenhauses in Zwickau die Firma „Kaufhaus I. Schocken Söhne“. Das Unternehmen expandierte beträchtlich und um 1930 bildeten die Zweigniederlassungen der Schocken KG und ihre Zentrale in Zwickau den viertgrößten Warenhauskonzern in Deutschland.
1927 erhielt der Architekt Erich Mendelsohn von Salman Schocken den Auftrag für den Entwurf eines Filialgebäudes in der aufstrebenden Industriestadt Chemnitz.

Mendelsohn hatte sich mit dem Aufsehen erregenden Um- und Erweiterungsbau des Verlagshauses Mosse in Berlin (1921–23) den Ruf erworben, der geeignete Architekt für gestalterisch und bautechnisch innovative, zugleich werbewirksame Geschäftsbauten zu sein.
Für Schocken hatte er bereits moderne, viel beachtete Verkaufshäuser in Nürnberg und Stuttgart gebaut. Dabei umfasste seine Arbeit wesentlich mehr als Entwurf, Planung und Bauleitung. Er entwarf Plakate, Werbeprospekte und Schrifttypen und entwickelte für den Schocken-Konzern ein Corporate Design, das in der zweiten Hälfte der zwanziger Jahre bei allen Filialen zum Einsatz kam.

Zur Firmenphilosophie von Schocken gehörte die Auffassung eines Warenhauses als Verkaufslager, in dessen Mittelpunkt allein die industriell gefertigte Ware zu stehen habe.

Der Sinn eines jeden Geschäfts ist die Ware, d. h. ihr möglichst rascher und nutzbringender Umsatz.

2

Die Ware also ist das Primäre, d. h. der Notwendigkeit ihrer eindrucksvollsten Anpreisung dienen alle kaufmännischen und baulichen Maßnahmen. Insbesondere der Bau hat – neben der selbstverständlichen Beobachtung seiner technischen Voraussetzungen – sich von dieser Grundbedingung des Geschäftes bei jeder Phase der Projektierung und der Durchführung leiten zu lassen.

Erich Mendelsohn, 1929

Zentrales Element des Chemnitzer Neubaus für Schocken ist die 56 Meter lange, neungeschossige, konvex gekrümmte Hauptfassade, die zwischen zwei verglasten Treppenhäuser eingespannt ist.
Die Dynamik der schwingenden Fassade mit ihren durchgehenden Fensterbändern verstärkt sich noch dadurch, dass die fünf Geschosse des vom Architekten so bezeichneten „Erkers“ einen Meter vor die Ebene des ▸ Sockelgeschosses gerückt sind und über dem schmalen Fensterband des Erdgeschosses schwerelos zu schweben scheinen (Bild 40.1).
In der Baubeschreibung führt Mendelsohn aus:

Lage
(...) Das Grundstück bildet einen nach der Brückenstraße sich öffnenden Kreisausschnitt und rundet die nach der Straße vorspringende stumpfe Ecke aus. Der Gewinn dieser Ausrundung ist eine architektonisch wirksame, ungebrochene Front und eine größere Übersichtlichkeit im Ablauf der Straße. (...)
Der ganze Bautrakt hat 6 Vollgeschosse mit 5 m bzw. 3 m Höhe und ein durchgehendes Kellergeschoss mit unterkellertem Hof. Daraus ergibt sich eine Hauptgesimshöhe von zirka 23,50 m. Außerdem sind noch zwei Aufbaugeschosse vorhanden, die unter 45 Grad zurückgestaffelt sind, und eine gedeckte Terrasse über dem obersten Geschoss.
Aus der Mitte der Front springt über dem Erdgeschoss ein zirka 56 m breiter, 1 m ausladender Erker vor, getragen von Auskragungen des Eisenbeton-Skeletts. Er wird an beiden Seiten flankiert von senkrecht aufsteigenden Treppenhäusern, deren Glasflächen das Fensterband zwischen Erker und Schaufensterscheibe aufnehmen. Vier Eingänge sind gleichmäßig über die ganze Front verteilt.

Konstruktion und Material
Der Bau ist als Eisenbeton-Skelettbau ausgeführt, mit Mauerwerk ausgefacht, an den Hof- und Seitenfronten verputzt, an der Straßenseite mit Auerkalkstein verkleidet. In der Breite des Erkers tritt die Stützenkonstruktion 3,50 m hinter die Front zurück und schafft hier eine vollkommen freie Geschossfenster- und Schaufensterfront. (...)

Belichtung
Die Fenster an den Hof- und Straßenfronten haben über Fußboden eine Brüstungshöhe von 1,80 m, damit an den Außenwänden Regale untergebracht werden können. Die Fenster gehen bis unmittelbar unter die Decke, werfen das Licht gegen die Decke und reflektieren es auf Ware und Verkaufsraum, ein System, das seit dem Schocken-Bau Nürnberg bei allen Kaufhäusern der Neuzeit angewendet wird. An der Straßenseite sind durchlaufende Fensterbänder, da die ausgekragte Konstruktion unmittelbar an der Fensterfront keine Stützen erfordert.

Erich Mendelsohn, 1930

Die Hauptfassade entfaltet sowohl tags als auch nachts eine große Werbewirkung. Tagsüber leuchten die weißen Mauerstreifen zwischen den dunkler erscheinenden Fensterbändern, nachts verkehrt sich die Wirkung ins Gegenteil: Die hell erleuchteten Fenster, hinter denen deutlich die Stützen und Träger des Stahlbetonskeletts zu erkennen sind, kontrastieren mit den schwarzen Mauerstreifen.

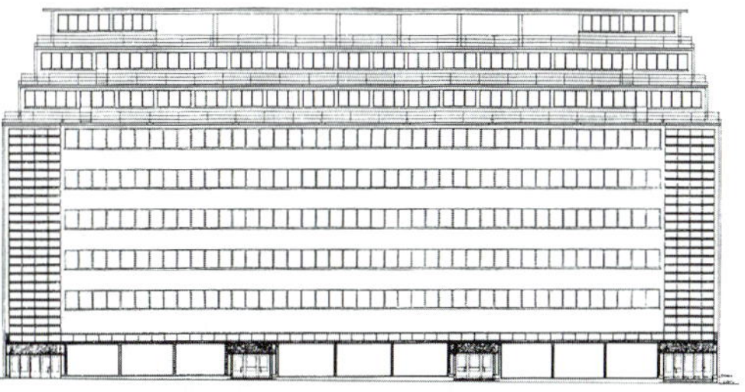
1

2

3

Erich Mendelsohn
(1887/Allenstein, Ostpreußen, heute Olsztyn – 1953/San Francisco)
1908–10 Studium an der Technischen Hochschule in Berlin, anschließend bei Theodor Fischer in München. Erste Arbeiten sind gezeichnete, fantastische Architektur-Visionen in Stahl und Glas. Bekanntschaft mit den expressionistischen Künstlern des „Blauen Reiters“.
Bekannt machte ihn der Bau des *Einsteinturms in Potsdam* (1920/21) und die *Hutfabrik in Luckenwalde* (1923), deren expressionistische Formensprache wegweisend für die Architekturmoderne wurde.
1924 Reise in die USA, wo ihn die Wolkenkratzer und Industriebauten beeindruckten. 1933 emigrierte Mendelsohn über England nach Palästina, wo er ein Büro unterhielt. 1941 übersiedelte er endgültig in die USA und baute dort hauptsächlich Gebäude für jüdische Kirchengemeinden.

✔ Lesen Sie die Baubeschreibung von Erich Mendelsohn. Was sagt sie über seine Absichten als Architekt aus? Was war ihm besonders wichtig?

✔ Ermitteln Sie aus dem Aufriss (Bild 41.1) die Proportionen und Rhythmen der Hauptfassade.

✔ Wie erreichte Mendelsohn die Werbewirksamkeit seines Kaufhauses?

✘ Entwerfen Sie einen Verkaufsraum für Waren Ihrer Wahl mit publikumswirksamer Wirkung nach außen.

✘ Untersuchen Sie Kaufhäuser in Ihrer Stadt im Hinblick auf städtebauliche Einpassung, Verkaufsraumgestaltung und baubezogene Reklamewirkung.

Ludwig Mies van der Rohe
(1886/Aachen – 1969/Chicago)
Ohne spezielle architektonische Ausbildung arbeitete der junge Mies ab 1908 für drei Jahre bei dem bekannten deutschen Architekten Peter Behrens (1868–1940), eine Zeit, die ihn entscheidend prägte. Seine Entwürfe jener Zeit sind neoklassizistisch geprägt und spiegeln die Auseinandersetzung mit seinem großen Vorbild Karl Friedrich Schinkel wider (Seite 30 f).
1927 übernahm Mies als Vizepräsident des Deutschen Werkbundes die Leitung der Architekturausstellung Weißenhof-Siedlung in Stuttgart und gestaltete dort einen Wohnblock in Skelettbauweise. Zu großer Bekanntheit verhalf ihm der *Deutsche Pavillon* auf der Weltausstellung 1929 in Barcelona, ein Bauwerk mit offener Grundrissgestaltung und kühlen Materialien wie Marmor, Glas und Stahl.
Nach 1930 leitete Mies das Dessauer Bauhaus bis zu dessen Schließung 1932.
1938 emigrierte er in die USA. Dort konzipierte Mies 1946 das *Haus Farnsworth*, dessen Wände komplett aus Glas bestanden. Gleichzeitig entstanden Wolkenkratzer aus Stahl und Glas wie die *Appartementhäuser am Lake Shore Drive* in Chicago (1948–1951) mit gerasterten „Vorhangfassaden“.
Sein Alterswerk, die *Neue Nationalgalerie* in Berlin (1962–68) zeigt Mies noch einmal als Meister der architektonischen Avantgarde.

✔ Versuchen Sie, am Beispiel Seagram Building die Mies'sche Definition von „Haut- und Knochenbauten“ zu erläutern.

✔ Beschreiben Sie die „Tag- und Nachtwirkung“ des Gebäudes. Welche Rolle spielt dabei die Konstruktion? Welchen Eindruck hinterlässt das Seagram Building bei Ihnen?

Das Seagram Building in New York verkörpert wie kaum ein anderes Gebäude den Inbegriff eines modernen Hochhauses des 20. Jahrhunderts. Sein Architekt, Ludwig Mies van der Rohe, der letzte Leiter des Dessauer Bauhauses, musste 1938 nach Chicago emigrieren.

Bereits 1921 beschäftigte sich Mies van der Rohe mit Projekten für Hochhäuser aus Glas. Besonders interessierte ihn die freie Entfaltung des Lichts auf den Fassaden.
Zum Wettbewerb für ein Turmhaus an der Friedrichstraße in Berlin reichte er die unkonventionelle Zeichnung eines Glashochhauses ein (Bild 42).
Drei im Grundriss etwa dreieckige Flügel in Stahlskelettbauweise mit völlig verglasten Außenwänden gruppieren sich um einen runden Versorgungsschacht.
1922 schrieb er in der Zeitschrift *Frühlicht* zu dem Projekt Friedrichstraße:

Nur im Bau befindliche Wolkenkratzer zeigen die kühnen konstruktiven Gedanken, und überwältigend ist dann der Eindruck der hochragenden Stahlskelette. Mit der Ausmauerung der Fronten wird dieser Eindruck vollständig zerstört, der konstruktive Gedanke, die notwendige Grundlage für die künstlerische Gestaltung, vernichtet und meist von einem sinnlosen und trivialen Formenwust überwuchert. Im besten Fall imponiert jetzt nur die tatsächliche Größe, und doch hätten diese Bauten mehr sein können als eine Manifestation unseres technischen Könnens. Allerdings müsste man auf den Versuch verzichten, mit den überlieferten Formen eine neue Aufgabe zu lösen, vielmehr ist aus dem Wesen der neuen Aufgabe heraus die Gestaltung ihrer Form zu versuchen.
Ludwig Mies van der Rohe, 1922

Damit sprach Mies ein Problem jener Zeit an. Seit Ende des 19. Jahrhunderts war die Stahlskelettbauweise eine bekannte Konstruktionsmethode (vgl. Seite 5). Bauten, die ihre reine Konstruktion zur Wirkung brachten, waren aber immer noch selten. Im Hochhausbau, vornehmlich in den USA, verkleidete man die tragenden Stahlrahmen, die an sich allein schon die statische Stabilität des Gebäudes sicherstellten, aus Feuerschutzgründen mit Mauerwerk und zusätzlich mit dekorativen Details in historistischer Formensprache, die dem Gebäude ein solides und repräsentatives Aussehen verliehen. Dem setzte Mies eine andere Auffassung entgegen:

B Ü R O H A U S
Das Bürohaus ist ein Haus der Arbeit der Organisation der Klarheit der Ökonomie.
Helle weite Arbeitsräume, übersichtlich, ungeteilt, nur gegliedert wie der Organismus des Betriebes. Größter Effekt mit geringstem Aufwand an Mitteln.
Die Materialien sind Beton Eisen Glas.
Eisenbetonbauten sind ihrem Wesen nach Skelettbauten.
Keine Teigwaren noch Panzertürme. Bei tragender Binderkonstruktion eine nichttragende Wand. Also Haut- und Knochenbauten.
Ludwig Mies van der Rohe, 1923

Diese programmatischen Thesen erschienen bereits 1923 in der ersten Ausgabe der Zeitschrift *„G“* (= Gestaltung) zusammen mit einem Entwurf für ein Bürogebäude. Das Bürohaus sollte aus Stahlbeton (Mies verwendete, wie in jener Zeit üblich, das Wort Eisen gleichbedeutend mit Stahl) konstruiert sein und umlaufende Fensterbänder aufweisen. Aber erst nach seiner Emigration in die USA war es Mies van der Rohe möglich, derartige Vorstellungen zu verwirklichen.

1954 erhielt er von der Firma Seagram, einem Whisky-Hersteller, den Auftrag zum Bau der Verwaltungszentrale an der Park Avenue in New York. Ein früherer Entwurf der Architekten Kahn & Jacobs, der sich kaum von den anderen Wolkenkratzern der Stadt unterschieden hätte, wurde von der Tochter des Firmenpräsidenten als „mittelmäßig“ abgelehnt. Sie wandte sich daraufhin an den Leiter der Architekturabteilung am Museum of Modern Art, Philip Johnson, der ihr neben anderen namhaften Architekten auch Mies van der Rohe empfahl.

Hält man sich vor Augen, dass in jenen Jahren der typische New Yorker Wolkenkratzer im unteren Bereich das gesamte Grundstück bis zum Straßenrand einnahm und sich nach oben hin verjüngte, kam schon die Platzierung des Baukörpers einer Sensation gleich (Bild 43).
Indem der Architekt das Gebäude von der Straßenflucht zurücksetzte und so das halbe Grundstück als Freifläche erhielt, umging er die damals üblichen, von den Baugesetzen vorgeschriebenen

Rücksprünge der Fassade. Stattdessen umgab er das Gebäude mit einem eigenen Raum, einer granitgepflasterten Plaza mit zwei Brunnen. Diese Plaza wirkt sehr großzügig, weil Straßenraum und Gehwege jenseits der Grundstücksgrenzen in die Gesamtkonzeption einbezogen wurden.

Für Seagram konzipierte Mies van der Rohe ein 157 Meter hohes Scheibenhochhaus. Der rechteckige Kubus erhebt sich auf zweistöckigen Stahlstützen, die hinter die Ebene einer verglasten Vorhalle zurücktreten. In der 7,20 Meter hohen Empfangshalle befinden sich Aufzugs- und Installationsschächte, die mit Travertin verkleidet wurden. Erst darüber beginnt die eigentliche Fassade.

Vor die tragende Stahlskelettkonstruktion blendete Mies van der Rohe nichttragende Fassadenteile aus Glas, die wie ein Vorhang vor der Rahmenkonstruktion hängen. Dieses Prinzip wird deshalb auch als *curtain wall* oder „Vorhangfassade" bezeichnet. Der *curtain wall* beim Seagram-Building aus bernsteinfarbigem Glas ist zusätzlich in ein Netz aus vorgezogenen, bronzefarbenen I-Profilen gebettet. Die etwas breiteren Querbänder und die schmalen Vertikalbänder ziehen sich über alle Stockwerke und verleihen dem Bauwerk zusammen mit den getönten Scheiben sowohl einen matt schimmernden Glanz als auch eine plastische Reliefwirkung.
Die monochrome Oberflächengestaltung des Hochhauses war durchaus beabsichtigt: Mies van der Rohe hatte entdeckt, dass es vorteilhaft war, hohen Gebäuden eine undurchsichtige und gleichmäßig getönte Fassade zu geben, denn die einheitlichen Flächen steigern die Wirkung des Volumens. Dieser Eindruck bleibt aber auf den Tag beschränkt. Am Abend zeigt das Gebäude eine andere, eine „Nachtseite", denn die hell erleuchteten Fensterflächen bringen das konstruktive Skelett zum Vorschein.

An die Stelle der Massivität vortäuschenden Hochhausbauten trat mit dem Seagram Building ein Gebäude, das seine Ästhetik nicht durch Dekoration, sondern durch die sichtbar gemachte Konstruktion erhielt. Die gläserne Vorhangfassade mit ihrer vertikalen Betonung übertrug die Leichtigkeit und Eleganz der Skelettbauweise auf die Außenwand. An den vier Gebäudeecken nahm Mies van der Rohe die „Vorhangfassade" zurück, ließ sie also nicht aneinander stoßen. Auf diese Weise sind die tragenden Eckstützen bis ganz oben hin zu sehen.
Ein Kern im Inneren des Hochhauses nimmt die Fahrstühle und Nottreppen auf. Ein „versenktes" Technikgeschoss auf dem Dach enthält die notwendige Installations- und Versorgungstechnik.

Mies van der Rohe hatte die programmatischen Traditionen des Bauhauses, nämlich konstruktive Einfachheit und strenge Rationalität, nach Amerika gebracht. Seine viel zitierte Maxime „less is more" (weniger ist mehr), die in späteren Jahren oft falsch gedeutet und für öde Einheitsarchitektur missbraucht wurde, bedeutete, jedes Problem auf den einfachsten Nenner zu bringen und nach dem wesentlichen Kern einer Bauaufgabe zu suchen.
Das Seagram Buildung wurde mit seiner „Vorhangfassade" und dem Rasterprinzip zum viel kopierten Vorbild der Geschäftshausarchitektur der 50er und 60er Jahre in Amerika und auf der ganzen Welt. Es begründete eine neue Stadtästhetik und beeinflusste viele Architekten.

42 Ludwig Mies van der Rohe: Projekt für ein Bürohaus, Friedrichstraße Berlin, 1921
perspektivische Zeichnung

43 Ludwig Mies van der Rohe: Seagram Building, New York, 1954–1958, Gesamtansicht

1

Organisches Bauen
Das entscheidende Kriterium des organhaften Bauens ist die Ermittlung der Gestalt aus dem „Wesen" des Objekts, nicht nur aus seiner Zweckbestimmung. Jeder Teil eines Bauwerks soll seine eigene Identität besitzen, zugleich aber unteilbar mit dem Ganzen verbunden sein. Es sollen individuelle, einmalige Lösungen für die Bauaufgabe gefunden werden, die auf die Bedingungen des konkreten Standortes bezogen sind. Herkömmliche Repräsentationsformen wie Monumentalität und Symmetrie werden abgelehnt.

Das Konzerthaus Liederhalle in Stuttgart erregte in den fünfziger Jahren durch seine ungewöhnliche Form und Raumorganisation großes Aufsehen.

Die Architektengemeinschaft Adolf Abel/Rolf Gutbrod aus Stuttgart hatte 1949 in einem Ausschreibungswettbewerb einen zunächst eher konventionellen Entwurf vorgelegt, bestehend aus kubischen, schmucklosen Baukörpern. Ebenfalls an dem Wettbewerb beteiligt war Hans Scharoun, der einige Jahre später mit dem Bau der Neuen Philharmonie in Berlin (1960–1963) berühmt werden sollte.
Für Stuttgart entwarf Scharoun eine Architekturlandschaft aus vielfach gegliederten und gestaffelten Baukörpern auf polygonalen Grundrissen. Das Projekt wurde nicht zuletzt aus finanziellen Gründen abgelehnt, es hatte aber erheblichen Einfluss auf den 1954 vom Gemeinderat der Stadt gebilligten Ausführungsentwurf von Abel/Gutbrod.

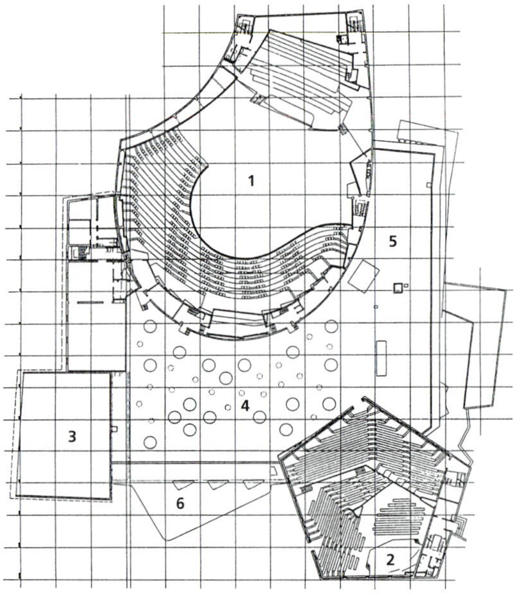

2

Drei selbstständige Baukörper, in Form und Oberflächenbeschaffenheit völlig unterschiedlich, gruppieren sich um ein niedrigeres, gemeinsames Foyer. Die geschwungenen Außenmauern des größten Saales, des Beethovensaales, sind in Sichtbeton ausgeführt. In der Ansicht von Westen überragt der Baukörper das weit auskragende asymmetrische Vordach des Haupteingangs wie eine Rotunde (Bild 44.1). Im Kontrast zu der Materialästhetik des schalungsrauen Betons stehen aufgesetzte Streifen und Plättchen aus farbig glasierter Keramik. Den Abschluss nach oben bildet ein umlaufender farbiger Mosaikfries.
Der Kammermusiksaal, der Mozartsaal, erhebt sich als unregelmäßiger Baukörper über dem Grundriss eines leicht verschobenen Fünfecks. Er ist mit Na-

3

44.1 Adolf Abel/Rolf Gutbrod: Konzerthaus Liederhalle, 1955–1956

44.2 Grundriss Erdgeschoss: 1 Beethovensaal, 2 Mozartsaal, 3 Silchersaal, 4 Foyer, 5 Restaurantbereich, 6 Haupteingang

44.3 Fassadendetail am Mozartsaal

tursteinplatten, Marmorstreifen und teils farbigen, teils vergoldeten Mosaiksteinen verkleidet, die sich zu abstrakten Kompositionen fügen (Bild 44.1, 44.3).
Der Silchersaal auf rechteckigem Grundriss ist auf drei Seiten mit Keramikplatten verkleidet. Eine Wand aus Glasbausteinen ermöglicht Tageslichteinfall. Schlanke Rundstützen tragen den mit einer überkragenden Platte gedeckten Kubus. Unter ihm befindet sich ein Eingangsbereich mit Autovorfahrt.

Auch die Innenräume der drei Säle unterscheiden sich in ihrer Gestaltung, die nicht nur ästhetisch bedingt, sondern auch nach akustischen Gesichtspunkten konzipiert ist, deutlich voneinander.
Im Beethovensaal (Bild 45.1, 45.2) kontrastieren Holzverkleidungen mit einer konvexen Sichtbetonwand, die durch aufgesetzte, in Schwarz und Gold gefasste Holztafeln und Linien aus farbig glasierter Keramik veredelt ist. Den dynamischen Raumeindruck bestimmt die auf einer Seite in elegantem Schwung aus dem Parkett aufsteigende Empore. Das Relief der Decke nimmt Bewegung und Gegenbewegung der Wände auf.
Das Frontalverhältnis Zuschauerraum – Bühne, das in herkömmlichen Konzertsälen vorherrschte, ist aufgegeben. Kein Punkt der Bühne wird bevorzugt, der Künstler soll den Standort frei wählen und den Mittelpunkt des Saales selbst bestimmen können.
Eine völlig andere Raumstruktur zeigt der in Eichenholz getäfelte Mozartsaal. Die terrassenförmig ansteigenden Zuschauerreihen sind asymmetrisch angeordnet und hinterlassen zusammen mit der in einzelne Schrägflächen aufgelösten Decke einen kristallinen, prismatischen Raumeindruck.
Beim Silchersaal entspricht die nüchterne Raumgestaltung der schlichten Form des Baukörpers.

Bei der Eröffnung der Liederhalle erläuterten die Architekten ihre Idee, den Entwurf des Konzerthauses nach dem „musikalischen Gesetz des Kontrapunkts" konzipiert zu haben:
Alle Räume der Liederhalle sind in sich und unter sich auf diesen Gegensatz eingestellt, so sehr, dass man keinen entbehren kann. Darauf beruht die ganze Konzeption der Bauanlage. So wie man keinen Satz einer Sinfonie weglassen könnte, ohne den Eindruck zu schwächen, so ist es auch bei den Räumen der Liederhalle!

Adolf Abel, 1956

Eine weitere Architekturauffassung, die in der Liederhalle anschaulich wird, sind die Grundsätze des „organischen Bauens". Diese spezielle Variante des Neuen Bauens wurde bereits in den zwanziger Jahren durch den Architekten Hugo Häring (1893–1958) bekannt, prägte sich aber erst nach dem Zweiten Weltkrieg in größerem Umfang aus.
Häring vertrat die Auffassung, dass der Architekt jedes Projekt so konzipieren müsse, dass alle Funktionen und Funktionsabläufe dem „Wesenhaften" der Bauaufgabe entsprechen. Statt von vorgeprägten Formvorstellungen auszugehen, soll die im Entwurfsprozess von innen nach außen gewonnene Form wie ein „Organ" ihre Funktion erfüllen.

1

2

Wir wollen die dinge aufsuchen und sie ihre eigene gestalt entfalten lassen. Es widerspricht uns (...) sie von außen her zu bestimmen, irgendwelche abgeleiteten gesetzhaftigkeiten auf sie zu übertragen, ihnen gewalt anzutun. (...) In der natur ist die gestalt das ergebnis einer ordnung vieler einzelner dinge im raum in hinsicht auf lebensentfaltung und leistungserfüllung sowohl des einzelnen wie des ganzen (...) Wollen wir also formfindung, nicht zwangsform, befinden wir uns im einklang mit der natur.

Hugo Häring, 1925

✔ Lesen Sie das Zitat von Hugo Häring. Sehen Sie die Grundsätze des organischen Bauens in der Liederhalle verwirklicht?

✔ Setzen Sie die Erläuterungen des Architekten Abel in Beziehung zu Albertis Ausführungen zum „Wesen des Schönen" (Seite 27, s. Pevsner-Zitat).

45.1 Rolf Gutbrod: Skizze zum Beethovensaal, 1954

45.2 Innenaufnahme des Beethovensaals

1

Frei Otto
(1925/Siegmar, Sachsen)
Nach dem Architekturstudium an der Technischen Hochschule in Berlin beschäftigte sich Frei Otto ab 1952 intensiv mit der Erforschung von Leichtbaukonstruktionen.
Mit Zeltpavillons auf den Bundesgartenschauen 1955 und 1957 erprobte er neue architektonische Formen.
1964 gründete Otto in Stuttgart das „Institut für leichte Flächentragwerke". Mit Rolf Gutbrod (Seite 44f) entwickelte er den *Expo-Pavillon in Montreal* (1967), eine Seilnetzkonstruktion mit asymmetrischer Dachform.
Aus der Überlegung heraus, Wohnen und Arbeiten unter extremen Klimaverhältnissen annehmbar zu machen, entstanden die Projekte für eine unter einer pneumatischen Hülle gelegenen *„Stadt in der Arktis"* (1970/71) und *„Schatten in der Wüste"* (1972).
Mit Günther Behnisch & Partner verwirklichte Frei Otto von 1968–1972 die *Überdachung der olympischen Sportstätten in München.*

Der Architekt Frei Otto gilt als einer der Pioniere auf dem Gebiet der Leichtbauweise. Auf der Suche nach leichten, luftigen Konstruktionsverfahren mit offenen Strukturen entwickelte er Zeltkonstruktionen, Seilnetztragwerke, Gitterschalen, luftgetragene Bauten und wandelbare, verschiebbare Dächer für Schwimmbäder und Freilichttheater.
Seine Vorbilder fand er dabei in der Beobachtung naturwissenschaftlicher Vorgänge, beispielsweise in Kristallisationsprozessen, im vielzelligen Aufbau von Kieselalgen, in Spinnennetzen oder Seifenblasen.

Alle materiellen Objekte der Natur und der Technik haben eine Form und sind zusammengefügt, sind somit Konstruktionen. Die Objekte der Natur sind natürliche Konstruktionen. Sie entstehen aufgrund von Selbstbildungsprozessen. (...)

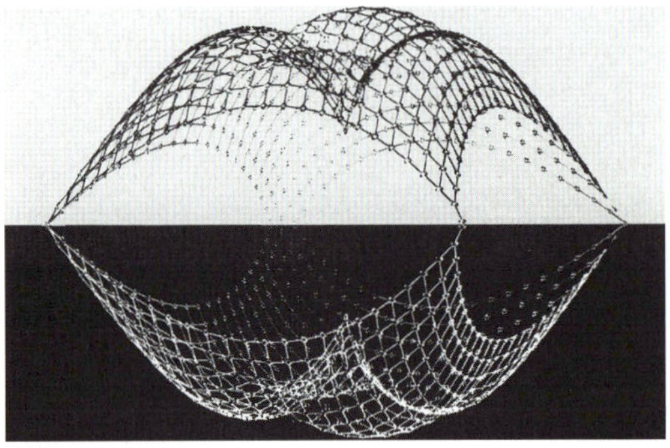
2

3

Wenn sich Objekte von selbst formen, kann der Mensch dies direkt nutzen. (...) Er kann von Spinnenfäden oder hängenden Ketten die Form von Bögen ermitteln oder aus hängenden Netzen die Form von Schalen.

Frei Otto, 1992

Bereits in den 40er Jahren des 20. Jahrhunderts entwickelte Frei Otto Modelle und Experimente zur Analyse und Formfindung extrem leichter, weitspannender Wölbkonstruktionen. Sein Ziel war es, nach dem Vorbild der optimierten räumlichen Strukturen, die er in der Natur vorfand, mit einem Minimum an Aufwand ein Maximum an Fläche überspannen zu können.
Für seine Formen suchte er nach leichten, aber doch leistungsfähigen Konstruktionen. Dazu experimentierte er mit dem Prinzip der an zwei Punkten aufgehängten Kette, deren spiegelbildliche Umkehrung die Form eines Bogens ergibt. Außerdem arbeitete er mit Seifenblasen und hängenden Netzen. Diese Untersuchungen bildeten wichtige Grundlagen zum Entwurf seiner leichten Flächentragwerke. Viele dieser komplexen Formen können heute auch ohne Modellversuch rein rechnerisch, also computergestützt, ermittelt werden. Für die Entwicklung dieser Rechenprogramme war jedoch die Beherrschung der experimentellen Modellbaumethoden eine wichtige Voraussetzung.

4

Obwohl Frei Ottos Konstruktionen nach dem „Prinzip Leichtbau“ immer auf großes Interesse stießen, hatten sie Schwierigkeiten, als „richtige“ Architektur anerkannt zu werden. Temporäre Veranstaltungen wie Weltausstellungen oder Bundesgartenschauen boten noch am ehesten die Möglichkeit, die experimentellen, ohne Ewigkeitsanspruch errichteten Bauten zu präsentieren.

Für die Bundesgartenschau 1975 in Mannheim war als Kernstück der neuen Grünanlage eine Mehrzweckhalle für Ausstellungen und Veranstaltungen geplant. Zusammen mit Frei Otto entwickelte der Mannheimer Architekt Carlfried Mutschler die Idee, eine superleichte, selbsttragende Halle – eher einem schützenden Dach ähnlich – zu bauen, die sich mit ihren Formen dem sanften Hügelgelände anpassen sollte.
Von außen betrachtet, weckt die Multihalle Assoziationen an einen gestrandeten Walfisch oder eine riesige Quallenart (Bild 46.1).
An zwei fast kreisrunde, kuppelartige Hauptdächer schließt sich eine asymmetrische, ausufernde Dachlandschaft an.

Die auf einer Gitterschale basierende Form der Halle entwickelte Frei Otto wieder am Hängemodell. Er hängte ein gleichmaschiges Netz auf und erhielt durch die spiegelbildliche Umkehrung die Raumform der Gitterschale (Bild 9.4, 46.2).
Aus der umgedrehten Form des zugbeanspruchten Hängenetzes aus Ketten ergibt sich die Gitterschale aus Holzstäben, bei der nur Druckkräfte auftreten. Der Formfindung am Modell folgte die Berechnung des Tragwerks am Computer durch die renommierte Ingenieurfirma *Ove Arup & Partners.*

In Mannheim besteht das Schalentragwerk aus einem gleichmäßigen Gitter aus einfachen, durchlaufenden Holzlatten. Diese sind kreuzweise mit einer Maschenweite von 50 Zentimetern übereinander verlegt und an den Kreuzungspunkten mit Stahlschrauben verbunden. An besonders beanspruchten Stellen liegen die Latten zwei- oder vierfach übereinander.
Die Montage des Gitters erfolgte nach dem Prinzip selbstbildender Prozesse: Das zunächst auf ebenem Boden ausgelegte, rechtwinklige Gitter wurde mit Gerüsttürmen angehoben und in die dreidimensionale Form gebracht. Die Schrauben an den Verbindungsknoten der Stäbe saßen zunächst noch locker, so dass das Gitter scherenartig verformbar blieb. Dann wurde das Gitter am Rand in Betonfundamente verspannt, anschließend die Schrauben an den Verbindungsknoten festgezogen. Ein weitmaschiges Drahtseilnetz und die Dachhaut (Bild 46.4) sorgten für eine zusätzliche Versteifung und fixierten das Gitter in seiner Form.
Um die Tragfähigkeit der Halle zu erproben und Belastungen, etwa durch Wind oder Schneeablagerungen beurteilen zu können, wurden vor dem Eindecken in jedem 9. Kreuzungsknoten der Gitterschale wassergefüllte Mülleimer aufgehängt (Bild 46.3). Eingehängte Lote maßen die Verformungen.

Im Inneren umfängt den Besucher gedämpftes Tageslicht, das durch die Kunststoffhaut hereinscheint. Beim Blick nach oben verzerren sich die Kuppeln durch den Biegeprozess zu einem Rhombenmuster (Bild 47), das von Schritt zu Schritt seine Intensität ändert und die Raumwahrnehmung in kaum mehr fassbare Dimensionen abgleiten lässt.

Die Architektur von morgen wird wieder eine Minimalarchitektur sein, eine Architektur der von Menschen angeregten Selbstbildungs- und Selbstoptimierungsprozesse (...).
Frei Otto/Bodo Rasch, 1992

✔ Diskutieren Sie die Aussage der beiden Architekten. Sammeln Sie in der Gruppe zustimmende und ablehnende Meinungen.

✘ Experimentieren Sie:
– mit hängenden Ketten oder Kettennetzen, um Formen von Hängekonstruktionen zu finden,
– mit Stäben, die gelenkig miteinander verbunden werden. Die Fixierung der Gelenke im hängenden Zustand lässt tragfähige Gitterschalen entstehen,
– mit Gipsmullbinden, die angefeuchtet werden, um Wölbformen von Schalen und Bögen zu entwickeln,
– mit Seifenblasen in Rahmen aus dünnem Draht oder Fäden, um Formen für Zeltbauten zu finden.

46.1 Carlfried Mutschler/ Frei Otto: Multihalle Mannheim, 1974–1975
Maximale Spannweite: 80 Meter, überdachte Fläche: 7.400m²
Außenansicht

46.2 Aus der Umkehrung des hängenden Netzes ergibt sich die Form der Gitterschale, Modell

46.3 Belastungsversuche zur Ermittlung der Tragfähigkeit der Gitterschale

46.4 Eindecken der Gitterschale mit PVC-beschichtetem Gewebe

47 Innenansicht

1

Charles Willard Moore
(1925/Benton Harbour, Michigan – 1993/Austin, Texas)
Einer der „Gründerväter" und Theoretiker der Postmoderne. Studium der Architektur und der Philosophie. Bekannt als Architekt machte ihn sein Wohnbau-Gemeinschaftsprojekt *Sea Ranch* in Kalifornien (1966) als Beispiel für landschaftsgerechtes Bauen. In der Ausstattung des *Faculty Club* der Universität in Santa Barbara (1968) zeigten sich in einem ironischen Nebeneinander von Neonröhren, Kronleuchtern, Podesten und Zickzack-Treppen erste postmoderne Äußerungen. Es folgten zahlreiche Wohnbauten. In Berlin verwirklichte Moore 1988 die Wohnbebauung am *Tegeler Hafen*, in Potsdam mehrere Stadtvillen.

48.1 Charles Moore und Urban Innovations Group: Piazza d'Italia, New Orleans, Lousiana (USA), 1975–1978

48.2 Lageplan

49 Zentrale Bogenarkade mit Neonbeleuchtung

1975 beauftragte die Stadt New Orleans (USA) den Architekten Charles Moore mit der Planung einer Platzanlage in einem sanierungsbedürftigen Stadtteil. Der Auftrag sah vor, für die große italienische Gemeinde von New Orleans als Kernstück eines neuen Geschäftszentrums einen Platz zu gestalten, der den italienischstämmigen Bewohnern als Treffpunkt dienen sollte.

Moore entwarf in Zusammenarbeit mit dem Architekturbüro *Urban Innovation Group* inmitten eines großflächigen Neubaublocks einen kreisrunden Platz, in den sich der stilisierte Umriss des italienischen Stiefels – aus treppenartigen Absätzen gebildet – hineinschiebt (Bild 48.1, 48.2).
In der Mitte der Platzanlage liegt Sizilien, symbolisch umflossen vom „Mittelmeer", dessen Wasser sich aus einer Brunnenanlage speist.

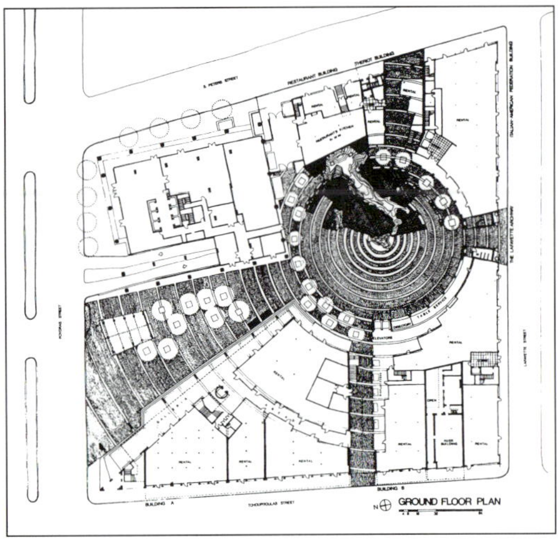

2

Dahinter baut sich eine fragmentarische Säulenarchitektur auf, die in ihrer knalligen Farbigkeit vor den umgebenden Geschäftshochhäusern wie eine Theaterkulisse wirkt.
Der gesamte Platz ist überladen mit Symbolformen, die auf Italiens Geographie und Baugeschichte anspielen. Die Säulenarkaden beispielsweise zeigen sämtliche klassische ▸ Ordnungen. Gleichzeitig parodiert Moore die historischen Zitate durch Schockfarben und unpassende Materialien. So trennen z. B. „Halsringe" aus farbigem Neonlicht die korinthischen ▸ Kapitelle von den dazugehörigen Säulen. Andere Kapitelle „kleben" als filigrane Gebilde aus Stahl unter den ▸ Architraven, bei wieder anderen bildet ein herabfließender Wasservorhang die ▸ Kannelierung des Schaftes (Bild 49).
Neon, Stahl und die grelle Farbigkeit schaffen Distanz zum historischen Vorbild und deuten die Würdeformen der klassischen Architektur ironisch-humorvoll um.

Inhalt ist der Italianismus, der symbolisiert wird durch Anklänge an die Fontana di Trevi in Rom (...), die starke Erdfärbung, die lateinische Inschrift („Dieser Brunnen ist ein Geschenk der Bürger von New Orleans an alle Menschen") und am offensichtlichsten durch den Grundriss von Italien (wobei das Adriatische und das Tyrrhenische Meer durch Wasserläufe dargestellt sind). Da sich die Gemeinde überwiegend aus Sizilianern zusammensetzt, nimmt diese Insel das Zentrum (...) ein, eine Emphase, die durch einen weiteren Brennpunkt noch verstärkt wird, das schwarz-weiße Podium nämlich, das am St.-Josephs-Tag als Rednerbühne dient, wenn die Piazza zur res publica wird

und der Bürgermeister vor einem großen Publikum die Ansprache hält. (...)
Ein weiterer radikal eklektizistischer Aspekt der Piazza ist die Vielfältigkeit der Geschmackskulturen, an die sie sich wendet. Für Historiker gibt es Bezugnahmen auf Hadrians Teatro Marittimo (...); für die Italiener gibt es Bezugnahmen auf archetypische Piazzas und Brunnen; Moderne finden eine Bestätigung der Wolkenkratzer und die Verwendung aktueller Technologien (Neon und Beton); für den Liebhaber der reinen architektonischen Form gibt es die ausgeschnittenen Kämpfer aus gesprenkeltem Marmor und eine äußerst sinnliche Verwendung von poliertem Edelstahl.
Charles Jencks, 1988

Wenn Architekten auch in Zukunft auf diesem Planeten sinnvolle Arbeit leisten wollen, dann muss ihr Hauptaugenmerk der Schaffung von „einprägsamen" Orten gelten – der geordneten Niederlassung von Menschen an bestimmten Plätzen auf der Welt. Einen „einprägsamen" Ort zu schaffen, heißt einen Bereich zu schaffen, der es den Menschen ermöglicht zu erkennen, wo sie sich befinden und darüber hinaus, wer sie sind.
Charles Moore, 1976

Am Funktionalismus der Architekturmoderne bemängelte Moore vor allem das Fehlen einer Identität der Architektur. Seiner Ansicht nach sollte Architektur eine erzählerische Qualität besitzen, die Verbindung zur Vergangenheit schaffen und Fiktionen eröffnen kann, vergleichbar den gotischen Kathedralen. Auch sie stellen in ihrer Absicht, ein Abbild des himmlischen Jerusalems auf Erden zu sein, einen „erdichteten Ort", eine Fiktion, dar.
Die Sachlichkeit des Funktionalismus, die keinen Raum mehr für fiktive Momente zulässt, geißelte er dagegen als bedeutungsleere Kastenarchitektur.

Ein Stück Fassadenarchitektur, reine Kulisse, die allein zum Zweck der Fiktion geschaffen wurde und als unernste, freundliche Szenerie Zeichen der Identität setzt; gleichzeitig stellt es so etwas wie eine Illustration dar für das Leben in Erinnerung an die Heimat. Das Ganze ist auch Freizeitszenerie und Spielhintergrund; nicht ernste, vollkommene Architektur wollen die Kolonnadenfragmente dieser Erinnerungsbühne sein (...). Man riskiert die poetische Behauptung: „Hier ist Italien!", um sogleich mit einem gewissen schmerzlichen Lächeln zu sagen: „Italien ist h i e r nicht."
Heinrich Klotz, 1987

Postmoderne
In der Architektur des 20. Jahrhunderts eine Richtung, die sich bewusst gegen den starren Funktionalismus, die Strenge und Kargheit der Moderne stellt. Einer ihrer wichtigsten Theoretiker ist der Amerikaner Robert Venturi, der den populären Satz „less is more" in „less is bore" umwandelte und sich gegen die „intellektuelle Arroganz" des modernen Bauens aussprach. Die postmodern orientierten Architekten nutzen weiterhin die modernen Baumaterialien, nehmen aber Formen verschiedener historischer Baustile auf und „zitieren" diese. Häufig werden sie mit Gestaltungselementen der Pop-art der 1960er Jahre kombiniert und so ironisch gebrochen.

✔ Lesen Sie die Thesen von Charles Moore zum „einprägsamen" Ort. Löst Moore Ihrer Meinung nach seinen Anspruch in der Gestaltung dieses Platzes ein?

✔ Schreiben Sie einen fiktiven architekturkritischen Text, der am Tag nach der Einweihung der Platzanlage in der örtlichen Presse oder in einer italienischen Tageszeitung erschienen ist.

✔ Stellen Sie Gemeinsamkeiten und Unterschiede der postmodernen Architektur mit dem Historismus (vgl. Seite 36 f) fest.

✘ Fotografieren Sie einen beliebigen Platz in Ihrer Stadt/Gemeinde. Vergrößern Sie das Foto auf dem Kopierer und versuchen Sie, mittels Übermalungen und Collagen einen Entwurf zur Umgestaltung des Platzes für einen italienischen/griechischen/türkischen Kulturverein zu gestalten.
Variante: Scannen Sie das Foto ein und bearbeiten Sie es mit derselben Aufgabenstellung am Computer.

High-Tech-Architektur
Bezeichnung für eine Architekturströmung in den späten 70er Jahren des 20. Jahrhunderts. High-Tech-Architektur versuchte, vor dem Hintergrund einer durch hoch entwickelte Technologien geprägten Gesellschaft diesen „Zeitgeist" in Architektur umzusetzen.
Folgende Merkmale sind charakteristisch für High-Tech-Bauten:
• industrielle Fertigungsmethoden (Serienproduktion) und Anwendung eines industriellen Formenvokabulars
• Verwendung „sauberer" Baumaterialien wie Metall, Glas, Kunststoff
• sichtbar gelassene Tragkonstruktionen und Versorgungssysteme
• „einschiebbare", zellenartige Serviceeinheiten
• Zerlegbarkeit, Ersetzbarkeit, Flexibilität.

Zu den bekanntesten High-Tech-Bauten gehören das *Centre Pompidou* in Paris von Renzo Piano und Richard Rogers, das Versicherungsgebäude von *Lloyd's London* von Rogers und die *Hongkong Bank* von Norman Foster.

„Die schönste Bank der Welt" forderte der Präsident der Hongkong Shanghai Banking Corporation 1979 für den Wettbewerb zu einem Neubau, zu dem sieben Architekten eingeladen wurden.
1986 wurde die Hauptverwaltung der Hongkong Bank in Hongkong (Bild 50) vom siegreichen Architekturbüro *Foster Associates* fertiggestellt.

Im Vorfeld hatte der bis dahin im Bereich der Hochhausarchitektur unerfahrene Norman Foster die städtische Bauplatzsituation und alle bisher entstandene Hochhausarchitektur genauestens studiert. In Zusammenarbeit mit dem Londoner Ingenieurbüro *Ove Arup & Partners* arbeitete er bis zur endgültigen Formfindung eine ganze Anzahl unterschiedlicher Gebäudevarianten aus. Bauherr und Architekt hatten sich zuvor auf zwei hauptsächliche planerische Ziele geeinigt: maximale Transparenz und optimale Flexibilität.

Das Prinzip der Transparenz umfasst tatsächlich zwei Forderungen: den freien Blick für alle und tendenziell die vollkommene Sichtbarkeit aller für alle. (...) Für die Bürolandschaft bestand der ausdrückliche Wunsch des Bauherren, dass jeder Arbeitsplatz sichtbar sein sollte, jene der leitenden Angestellten inbegriffen. (...)
Von den ersten Entwurfsüberlegungen an bemühte man sich darum, in der Hongkong Bank große zusammenhängende Flächen zu schaffen und deren Unterbrechung durch schwere Elemente zu vermeiden.
Daniel Treiber, 1992

Der Bauplatz für die neue Bank lag auf dem Grundstück der ersten ehemaligen Filiale mitten im Herzen von Hongkong Island. Das äußerst repräsentative Gebäude spiegelt selbstbewusst den Status der Bank als drittgrößtes Finanzzentrum der Welt wi-

50 Norman Foster Associates: Hongkong and Shanghai Bank, Hongkong, 1979–1986. Gesamtansicht

der. In Grundriss, Konstruktion, Gestalt und Materialwahl folgt es keineswegs dem gängigen Typ des konventionellen Geschäftshochhauses mit Stahlbetonskelett und vorgehängter Glas- oder Spiegelfassade, das sonst die Silhouette des Hongkonger Banken- und Geschäftsviertels prägt.
Von der Seeseite erscheint das Gebäude wie eine Scheibe, in Wirklichkeit bildet der Grundriss fast ein Quadrat mit einer Seitenlänge von ca. 52 x 65 Metern. Der Gebäudekomplex wird durch drei Rücksprünge in der Fassade in einzelne Gebäudescheiben verschiedener Höhe unterteilt; der mittlere Haupttrakt mit 47 Stockwerken erreicht eine Gesamthöhe von 180 Metern. Hauptfassade und Rückfront sind vollständig verglast.

Die auffallendste Erscheinung des Bauwerks ist sein spektakuläres Haupttraggerüst: Acht Masten, bestehend aus jeweils vier Rundstützen, tragen das Gebäude und gliedern es in fünf horizontale Bereiche. Die einzelnen Stockwerke werden nicht von Stützen getragen, sondern hängen – vergleichbar dem System von Hängebrücken – über 33 Meter freitragend an darüber liegenden, sichtbar gelassenen, zweigeschosshohen Fachwerksbindern. Die Binder sind gegen Windlasten durch Kreuzverbindungen ausgesteift.
Das konstruktive, vor der Fassade liegende Stahltragwerk kommt ohne tragenden Betonkern aus und ermöglicht zwischen den tragenden Masten vollkommen stützenfreie Stockwerke. Damit erfüllt es die Forderung nach größtmöglichster Offenheit und Flexibilität im Grundriss.

Der Eingangsbereich, auch Piazza genannt, ist als öffentliche Passage angelegt. Zwei Rolltreppen bringen den Bankkunden von dort in die im ersten Stock befindliche Schalterhalle. Die Rolltreppen „durchstoßen" eine nach unten gewölbte Klarglasmembran, die sowohl als Abschluss nach unten wie auch als Klimaschranke fungiert. Darüber erhebt sich das eindrucksvolle Atrium, das über zehn Stockwerke reicht (Bild 51). Zwei Spiegelflächen, die eine an der Fassade, die andere am Hochpunkt des Atriums angebracht, lenken Sonnenlicht in die Tiefe des Gebäudes. Die gewaltige, außen an der Fassade angebrachte „Lichtschaufel" richtet sich durch eine computergesteuerte Mechanik an dem jeweiligen Sonnenstand aus und reflektiert das Licht ins Gebäude.

Die gesamte Versorgungs- und Transporttechnik wurde aus dem Inneren herausgenommen, in aufeinander gestapelten, containerähnlichen Elementen untergebracht und an den Schmalseiten des Gebäudes angehängt. Dahinter steht eine Idee, die zeichnerisch bereits in vielen Architekturutopien der Sechzigerjahre Gestalt angenommen hatte: So genannte „Plug-In-Elemente", leicht zu wartende und vor allem bei Verschleiß leicht austauschbare Module werden in das Gebäude „eingestöpselt".
Da auf der Baustelle wenig Platz vorhanden war, der Bau so schnell wie möglich errichtet werden und darüber hinaus höchsten Qualitätsansprüchen genügen sollte, wurden möglichst viele Bauteile in Europa, den USA und Japan vorgefertigt und vor Ort nur noch zusammengesetzt. So enthielten beispielsweise komplett vorgefertigte Module die Serviceeinrichtungen der einzelnen Geschosse samt Elektrizitäts- und Lüftungsvorrichtungen bis hin zu den Toiletten.

In Fosters Architektur bestimmt das nach außen deutlich sichtbare konstruktive Tragwerk zusammen mit den sichtbar belassenen Versorgungselementen die Form des unverwechselbaren Bauwerks. Die Hongkong Bank zählt deshalb zu den wichtigsten Vertretern der High-Tech-Architektur.

Sir Norman Foster
(1935/Manchester)
Nach dem Studium (Städtebau und Architektur) in Manchester und an der Yale University in New Haven, Connecticut, gründete Foster 1963 mit seiner Frau Wendy und dem Ehepaar Su und Richard Rogers sein erstes Architekturbüro.
1967 vergrößerte er das Büro zu *Foster Associates*. Schon früh machte Foster die Prinzipien des Industrial Design und der High Technology zur stilistischen Grundlage seiner Bauten. Es sind Zweckbauten, die nicht den Anspruch erheben, in klassischem Sinn Kunst oder Architektur zu sein. Zu seinen wichtigsten Werken zählen die *Hauptverwaltung der Fa. Willis Faber & Dumas* in Ipswich, Großbritannien (1974/75; geschwungene Fassade aus rahmenlos befestigten Glasteilen) und das *Sainsbury Centre for Visual Arts* in Norwich (1978; außenliegende Tragwerkskonstruktion).
1995–1999 baute Foster den Berliner Reichstag um. Seine *Glaskuppelkonstruktion* als Ersatz für die historische Kuppel erregte großes Aufsehen.

51 Blick in das Atrium

1

Santiago Calatrava Valls
(1951/Benimamet bei Valencia, Spanien)
Nach dem Architekturstudium an der Hochschule von Valencia studierte Calatrava ab 1975 Bauingenieurwissenschaft an der angesehenen Eidgenössischen Technischen Hochschule (ETH) in Zürich. 1981 schloss er mit einer Doktorarbeit über die „Faltbarkeit von Rahmentragwerken" ab und eröffnete ein Büro in Zürich. Bekannt wurde er mit der kühnen Konstruktion der Brücke *Felipe II–Bach de Roda* (1984–1987), die in Barcelona zwei Stadtteile miteinander verbindet.

Über einen langen Zeitraum hinweg hatte der Bau von Bahnhöfen kontinuierlich an Bedeutung verloren. Seitdem der Eisenbahnverkehr seit Ende der 80er Jahre des 20. Jahrhunderts europaweit auf den Ausbau von Schnellbahnstrecken setzt, stellt sich die Bauaufgabe neu.
Umweltbewusstsein und die wachsenden Mobilitätsbedürfnisse der Menschen haben zu einer „Renaissance" des Eisenbahnverkehrs geführt. Es kristallisiert sich ein neuer Architekturtypus heraus, der auf die Bedürfnisse immer größerer Verkehrsknotenpunkte abgestimmt ist. Er soll zugleich leistungsfähige Schnittstelle des Transports und publikumswirksames Reisezentrum sein.

1987 gewann der katalanische Architekt und Bauingenieur Santiago Calatrava den internationalen Wettbewerb für den TGV-Bahnhof Satolas im Norden von Lyon. Der Bahnhof sollte einen Knotenpunkt zwischen dem Netz der neuen Hochgeschwindigkeitszüge, dem Flughafen aus dem Jahr 1968 und dem Hauptbahnhof Lyon darstellen. In der Ausschreibung wurde ein repräsentatives, für die ganze Region unverwechselbares Bauwerk gefordert.
Calatrava nahm mit seinem Entwurf die Tradition des Bahnhofs als städtisches „Superzeichen" wieder auf (vgl. S. 36 f). Sein Gebäude setzt sich aus drei deutlich unterschiedenen Elementen zusammen.

Das Zentrum bildet die 120 Meter lange, 56 Meter breite und 36 Meter hohe Halle (Bild 52.1), in der sich die Dienstleistungszentren der Bahn, einige Check-ins des Flughafens und Restaurantbereiche befinden. Wie ein Ring wölbt sich die seitlich offene Halle über die 500 Meter lange und 53 Meter breite Gleiszone, die im rechten Winkel zur Halle verläuft und äußerlich an der Überdachung mit Trapezblechen zu erkennen ist.
Das dritte Element ist die Verbindungsgalerie zum Flughafen, eine Stahl-Glas-Konstruktion.

Das räumliche Tragwerk der dreieckigen Halle ist im Entwurf durch die W-förmige Überschneidung

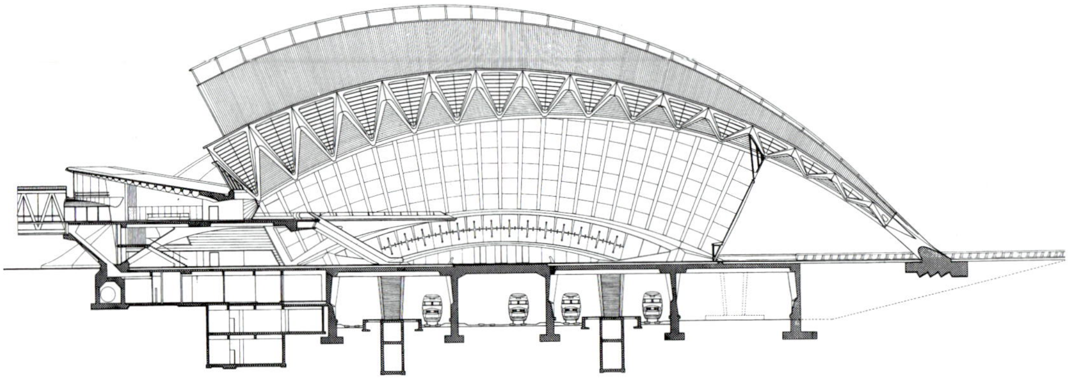
2

52.1 Santiago Calatrava: TGV-Bahnhof Lyon-Satolas, 1989–1994 Gesamtansicht

52.2 Schnitt durch die Bahnhofshalle

verschiedener Kegelschnitte entstanden (Bild 53.2). Sie erinnert an das Bild eines Riesenvogels mit ausgebreiteten Schwingen.
Calatrava, der in vielen seiner Bauwerken mit organischen Formen arbeitet, die an Tierknochen, Skelettwirbel oder Pflanzengerippe erinnern, zieht hier mit dem Bild des Zugvogels eine Verbindungslinie zur Symbolik des Reisens mit Zug und Flugzeug, zu Geschwindigkeit und Schwerelosigkeit.

Für die Bahnhofshalle haben wir eine ausdrucksstarke, sich leicht einprägende Form gewählt, deren Bild sich sowohl vom Boden her als auch aus der Luft mit der Region assoziieren lässt. Als Symbol fasst sie die Idee des Fluges und des Übergangs, das Wesen der Berglandschaft und auch den Gedanken des Aufschwungs zusammen.
Wir haben ein weit ausladendes Dach entworfen, das wie ein riesiger Vogel seine Schwingen in Längsrichtung über die Bahnsteige ausbreitet. Vom Boden losgelöst, nimmt es das Profil und das Erscheinungsbild des TGV wieder auf und macht so die Bewegung des hindurch fahrenden Zuges nach außen hin sichtbar.

Santiago Calatrava, 1989

das technische Wesen der Strukturen in eine Poesie von dynamischer Form zu transformieren.

Kenneth Frampton, 1989

Die Gleiszone wird von Bögen aus weißem Sichtbeton geprägt, die auf geneigten Y-förmigen ▶ Widerlagern ruhen (Bild 53.3). Sie zeigt besonders gut ein typisches Merkmal in Calatravas Schaffen, das in vielen seiner Bauten anzutreffen ist: Der Architekt will die „Bewegung" der Kräfte, die in den Bauten wirksam werden, sichtbar machen. Bei der Bahnsteigüberdachung treten die größten Kräfte an der Verzweigung der Y-förmigen Schenkel auf, dort, wo die Stahlbetonrippen auf ihre Widerlager treffen. Calatrava hat diesen Punkt der Kräftekonzentration aber nicht konventionell massiv gestaltet, sondern punktförmig verjüngt und plastisch ausgeformt. Er hat den Pfeiler-Querschnitt „optimiert", d. h. die Grenzen der Statik ausgelotet. Zusammen mit der Schräglage der Pfeiler ergibt sich das Bild eines dynamischen Gleichgewichts der Kräfte. Die gesamte statische Konstruktion scheint in einem magischen Schwebezustand zu verharren. Diese stetige Balance zwischen Schwerelosigkeit und Schwerkraft zeichnet auch seine Brückenbauten aus.

✔ Vergleichen Sie den TGV-Bahnhof Lyon mit dem Frankfurter Hauptbahnhof (Seite 36 f) im Hinblick auf Form und Funktion.

✘ Entwerfen Sie – eventuell mit CAD-Unterstützung – ein Bahnhofsmodell nach Ihren Vorstellungen.

✘ Entwickeln Sie ein Verbesserungskonzept für den Bahnhof Ihrer Stadt/Gemeinde.

53.1 Außenansicht der Bahnhofshalle mit plastischem Betonsockel

53.2 CAD-Darstellung der Bahnhofshalle

53.3 Ansicht der Gleiszone

1

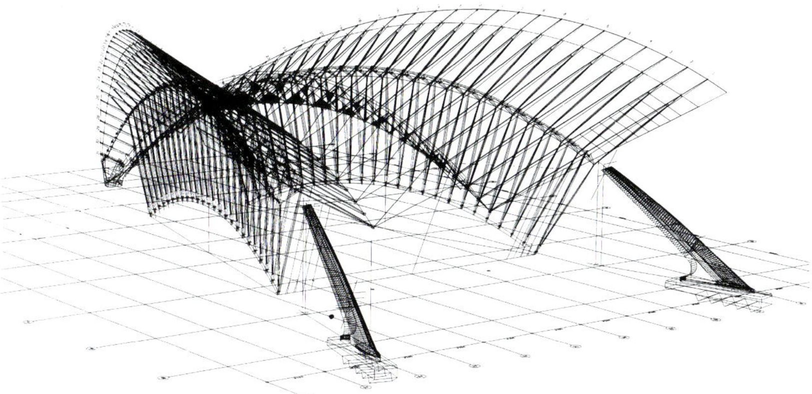

2

Die Halle wird von gitterförmigen Stahlbögen mit einer Spannweite von rund 100 Metern gestützt. Die Bögen sind an den Eckpunkten des Dreiecks auf Betonsockeln verankert, denen Calatrava ein betont plastisches Aussehen gab (Bild 53.1).
Sie stehen in spannungsreichem Gegensatz zur transparenten Glasfassade im Norden und Süden. Eine doppelte Reihe von rautenförmigen Oberlichtern sorgt in der Halle für natürliche Belichtung.

(...) einer der innovativsten Aspekte in Calatravas Konstruktionsdenken [ist] *die Art, wie Beton und Stahl zwanglos miteinander verbunden sind. (...) Calatrava* [erfindet] *einzigartige, vor Ort hergestellte oder vorgefertigte Betonelemente, die oft sehr geschickt mit leichtgewichtigen Stahlkomponenten kombiniert werden (...). Diese Qualität ermöglicht es ihm, eine plastische Komposition von offen gezeigten Verbindungen zu erreichen, der es gelingt,*

3

Renzo Piano
(1937/Genua)
Nach dem Architekturstudium in Italien war Piano von 1965–1968 in Mailand und London als Dozent tätig. 1971 gewann er zusammen mit Richard Rogers den Wettbewerb für das Pariser *Centre National d'Art et de Culture Georges Pompidou* (1971–1977). Als weiteren Ausstellungsbau plante er das Museum der *Menil Collection* in Houston, Texas (1982–1986).
Zu Pianos jüngsten Arbeiten gehören der *Kansai International Airport* vor Osaka/Japan (1990–1994) und das *Kulturzentrum der Kanaken* auf der französischen Südseeinsel Neukaledonien (1998).
Seit 1992 ist Piano zusammen mit Christoph Kohlbeck Chefarchitekt bei der urbanen Neugestaltung des Potsdamer Platzes in Berlin.

Das öffentliche Museum ist seinem Ursprung nach ein Produkt der Aufklärung und des Anspruchs jener Zeit, die Menschen zu bilden. Im 19. Jahrhundert entstanden die ersten großen öffentlichen Museumsgebäude (z. B. Alte Pinakothek, München, Leo von Klenze), oft noch mit Anklängen an feudale Palastarchitekturen. Seitdem haben sich bauliche Formen, Raumkonzepte und Funktionen des Museums grundlegend verändert.
Die Achtziger- und Neunzigerjahre des 20. Jahrhunderts verzeichneten einen regelrechten Museums-Boom. Seit 1977 das Centre Pompidou in Paris eröffnet wurde, ein Museum mit ganz neuem Ausstellungskonzept, das sich ausdrücklich als „Kulturmaschine“ bezeichnete, hat sich endgültig der Wandel von der traditionellen Bildungsstätte hin zum „Museum der Unterhaltung“ vollzogen. Dabei wird die Architektur der Museumsneubauten oft selbst zum Ausstellungsgegenstand.

1992 erhielt der italienische Architekt Renzo Piano den Auftrag, für die Sammlung des Galeristenehepaars Beyeler in Riehen bei Basel ein öffentliches Museum zu planen. Als Baugrund war ein Gelände inmitten eines einst privaten Parks mit alten Baumbeständen vorgesehen.

Die Sammlung mit Werken der klassischen Moderne sollte in absolut neutralen Räumen mit Oberlicht, also natürlichem Tageslichteinfall, präsentiert werden – dies war eine der Vorbedingungen der Auftraggeber.

Der Grundriss des Museums (Bild 54.2) ist von klassischer Strenge geprägt. Vier jeweils 120 Meter lange und in gleichbleibendem Abstand von 7 Metern zueinander stehende, tragende Wände laufen in Nord-Süd-Richtung parallel zu den Einfriedungsmauern des Parks. Sie bilden drei nebeneinander liegende Galerieflächen, die an den Stirnseiten verglast sind. Während die beiden äußeren Tragwände durchlaufen, bieten die beiden inneren durch die Auflösung in Stützen eine größtmögliche Flexibilität für die Präsentation der ausgestellten Kunstwerke.
Die Ansicht (Bild 54.1) zeigt aber ein wesentlich dynamischeres Bild, denn die Außenwände haben unterschiedliche Höhen, wobei die gegen Osten verlaufende sich in den Park hinein verlängert. An der Westseite ist dem Gebäude ein Wintergarten vorgelagert. Die Mauern sind – den regionaltypischen roten Sandstein aufgreifend – mit einem ähnlichen Stein verkleidet, einem roten Porphyr aus Argentinien.

54.1 The Renzo Piano Building Workshop: Museum der Stiftung Beyeler. 1994–1997
Ansicht von Südwesten. Deutlich erkennbar die Metallkonstruktion, die den Dachaufsatz trägt und über die Mauern hinauskragt

54.2 Grundriss

1

2
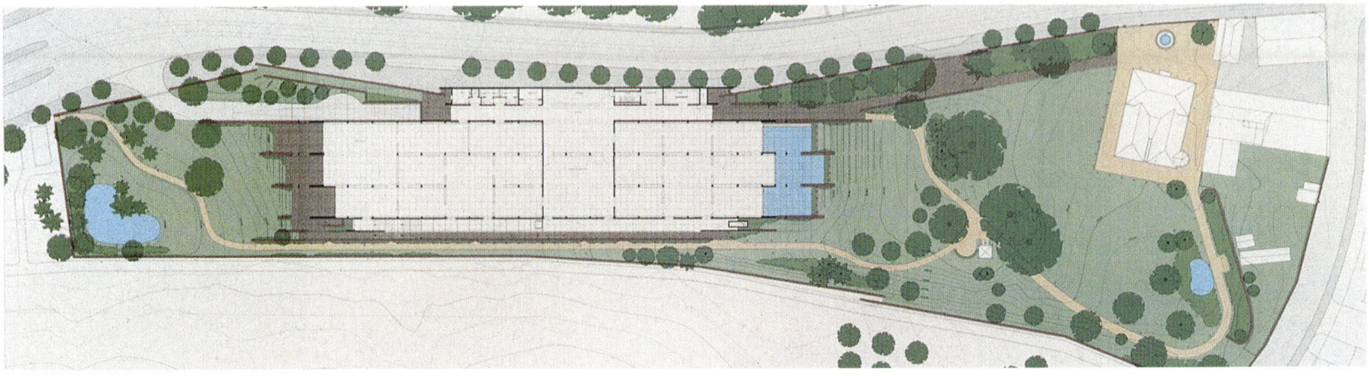

Der Hauptakzent des Gebäudes wird durch den Kontrast der vier schweren, vertikalen Mauerscheiben, die sich parallel in das Gebäude hineinstaffeln und dem auskragenden, transparenten Glasdach gebildet. Der große, flache Glasbaldachin scheint über den monumentalen Steinmauern zu schweben. Konstruktiv ist das Dach vom Museumsgebäude unabhängig. Es wird von einer Metallkonstruktion getragen (Bild 54.1).

Piano entwickelte hier ein Motiv weiter, das er zuvor bereits an zwei kleineren Museen (Cy Twombly-Pavillon, Houston und Atelier Brancusi, Paris) erprobt hatte. In Riehen zog der Architekt das Dach noch über die Mauerwerkstützen hinaus und gab ihm so seinen schwebenden Charakter.

Keine leichte Aufgabe ist es für den Architekten, wenn für Ausstellungsräume natürliches Tageslicht verlangt wird. Einerseits erstrahlen so Gemälde in ihrer ganzen Farbigkeit und Leuchtkraft, andererseits greifen die ultravioletten Strahlen in ungefiltertem Licht die Pigmente an und zerstören sie.
In Riehen sind über den Oberlichtern der Ausstellungsräume weiße Stahlgitter angebracht, die für eine gleichmäßige Lichtstreuung sorgen (Bild 55.1). Oberhalb dieser Gitter befindet sich ein 1,60 Meter hoher Raum, der technische Einrichtungen und die elektronisch gesteuerten Jalousien enthält. Abgeschlossen wird dieser Raum durch ein Sonnenschutzdach mit schräg aufgesetzten Blenden, deren Glas teilweise siebdruckbeschichtet ist, um es lichtundurchlässig zu machen. Von außen deutlich erkennbar, ziehen sich die Blenden als Zickzack-Band über das gesamte Gebäude hinweg (Bild 55.2).

Im Museum durchdringen sich Innen und Außen, Raum und Licht, bauliche Form und künstlerischer Inhalt. Der Architekt selbst hat in einem Gespräch festgestellt, dass die Kunstsammlung für die Gestaltung der Fläche und die Lichtführung maßgebend war: *„Wir haben aber keinen neutralen Raum gemacht. Keine weiße Kiste, die alles abtötet. Neutralität ist genauso schlecht wie ihr Gegenteil, das Zuviel. Wenn Sie hier jedoch genau schauen, vibriert das Wasser vor den Räumen im Süden; variiert das Licht von der Decke, je nach Tageszeit, Sonne oder bedecktem Himmel."*

Renzo Piano, 1997

In seinem „Architektur-Logbuch" hält Piano seine persönlichen Ansichten zur Architektur fest.

Die immateriellen Elemente des Raums

Gewiss, der Raum besteht aus Volumen, hohen und niedrigen, aus Verdichtungen und Ausdehnungen, Ruhe und Spannung, horizontalen Ebenen und schrägen: alles Elemente, die zur Erzeugung von Emotionen eingesetzt werden. Aber es sind nicht die einzigen. Ich glaube, dass die immateriellen Elemente des Raums von größter Bedeutung sind – sie zu gestalten ist das eigentlich Fesselnde an meiner Arbeit und einer der Schwerpunkte meiner Architektur. (...)
Ein Museum muss einen Raum der Kontemplation bieten. Da genügt es nicht, dass der Lichteinfall stimmt – es braucht Ruhe, Gelassenheit und Sinnenfreude, die sich mit der Betrachtung des Kunstwerks verbinden.

Leichtigkeit und Transparenz

Ich habe von immateriellen Elementen gesprochen. Das sind Licht, Transparenz, Vibrationen, Körnungen, die Farbe: Alles Elemente, die mit der Form des Raums interagieren – zum Teil aus ihr hervorgehen –, aber nicht auf sie reduzierbar sind. Nimmt man den Dingen jedoch das Gewicht, so lernt man, die Form der Strukturen arbeiten zu lassen, die Grenzen der Widerstände einzelner Komponenten auszuloten (...).

Renzo Piano, 1997

✔ Vergleichen Sie das Museum der Sammlung Beyeler mit dem Museumsbau von Daniel Libeskind (Seite 56 f). Welche Auffassung der Bauaufgabe Museum liegt den Bauten jeweils zu Grunde? Vergleichen Sie auch im Hinblick auf Baukörpergestaltung, Lichtführung und Einfügung in das bauliche Umfeld.

55.1 Ausstellungsraum mit Werken amerikanischer Künstler

55.2 Ansicht des Museums von Westen. Die Glasfläche gehört zu dem vorgelagerten Wintergarten

1

2

1

56.1 Daniel Libeskind: Jüdisches Museum, Berlin. 1993–1999
Blick auf das Gebäude

56.2 Grundrisse mit eingezeichneten Achsen

57.1 Blick in einen Leerraum (void)

57.2 Ausstellungsraum

1989 gewann der amerikanische Architekt Daniel Libeskind den Wettbewerb für einen Erweiterungsbau des stadtgeschichtlichen Berlin-Museums. Das Gebäude sollte der Dokumentation der deutsch-jüdischen Verflechtungen sowie der Sozial- und Religionsgeschichte der Juden in Berlin und Deutschland gewidmet sein.
Libeskind überzeugte die Jury mit einer völlig neuartigen, unkonventionellen Raum- und Gebäudeästhetik. In umfassenden theoretischen Äußerungen stellte er seinen Entwurf in einen Kontext des „Erinnerns".

Von außen zeigt sich der monumentale, mit reflektierendem Titanzink verkleidete Bau eher abweisend, einer Festung vergleichbar (Bild 56.1). Es gibt keinen Unterschied zwischen Vorder- und Rückfront, nirgends ist ein Portal oder ein Zugang zu erkennen. Unregelmäßig in die Außenwand geschnittene, kreuzförmige oder diagonale Fensterschlitze durchbrechen wie grafische Zeichen die Fassade. Tatsächlich kann man das Museum nur über das benachbarte Palais des Berlin-Museums betreten. Durch einen gewaltigen unterirdischen Tunnel aus rohem Beton gelangt der Besucher ins Untergeschoss des Jüdischen Museums. Von dort steigt eine Rampe auf, die sich in drei „Achsen" teilt.

Über eine steile Treppe führt die „Achse der Kontinuität" zu den Ausstellungsräumen, in denen die Geschichte der Juden in Berlin dokumentiert werden soll. Über die „Achse des Exils" gelangt man hinaus in den Garten. Die dritte „Achse der Vernichtung" führt zu dem 24 Meter hohen „Holocaust-Turm".
Der Turm aus Sichtbeton ist ungeheizt und kahl. Von der Straße dringen Geräusche herein, die nah und doch gleichzeitig fern erscheinen. Nur durch einen kleinen Schlitz von oben fällt indirektes Licht hinein. Beklemmung umfängt den Besucher, ein Gefühl von Verlassenheit und Isolation. Trotz der (hörbaren) Nähe zur Stadt fühlt man sich allein und ausgegrenzt.
Es lag in der Absicht des Architekten, den Besucher in diesem Turm den menschlichen und kulturellen Verlust spüren zu lassen, den die millionenfache Vertreibung und Ermordung der Juden für Deutschland bedeutet. Die Abwesenheit der Opfer, die Vernichtung von Gedanken, Ideen, Geist, die Leere, die als einzige Spur von der ehemaligen jüdischen Anwesenheit in Berlin übrig geblieben ist, symbolisieren im Inneren des Museums auch die fünf von Libeskind so genannten „voids" – über alle Etagen reichende, dunkle, unzugängliche Leer-Räume (Bild 57.1). Sie sind durch schmale Schlitze von den Ausstellungsräumen aus einzusehen.
Verbindet man die fünf Schächte gedanklich mit einer durchgehenden Linie, so bilden sie eine vierte, imaginäre „Achse der Leere".

„Void" ist ein Raum, der (...) nicht wirklich ein Teil des Museums ist. Er ist nicht beheizt, nicht klimatisiert. Er ist nicht wirklich ein Museumsraum. Er ist etwas anderes, das dann wiederum doch sehr viel mit den Ausstellungsräumen zu tun hat – und zugleich mit dem Raum Berlins, weil „void" sich im Grunde auf das bezieht, was niemals ausgestellt werden kann, wenn es um die Geschichte des jüdischen Berlins geht, weil von ihr nichts geblieben ist als – Asche.

Daniel Libeskind, 1999

Der Grundriss, der Assoziationen an einen Blitz oder vielleicht auch an einen zerbrochenen Davidstern wachruft, zeigt zwei sich durchkreuzende Li-

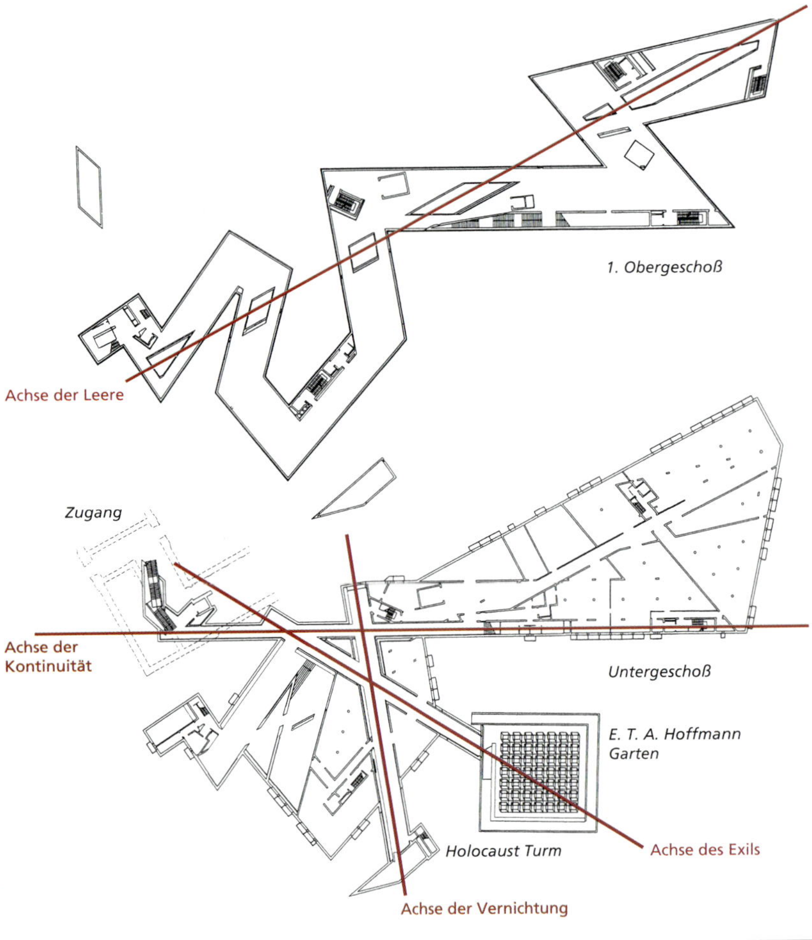

2

nien (Bild 56.2). Die eine verläuft in wildem Zickzack, die andere wird an fünf Punkten durch die „voids“ markiert. Wie ist der Architekt zu diesem ungewöhnlichen Grundriss gelangt?
Im Umkreis des Bauplatzes suchte Libeskind nach den Adressen berühmter Juden und Nichtjuden – Heinrich von Kleist, Rahel Varnhagen, Mies van der Rohe, Paul Celan – die durch ihr Wirken zur Berliner Kultur beitrugen. Indem er die einzelnen Punkte miteinander verband, entstand ein *„verzerrtes, hexagonales Liniensystem“*, der Ausgangspunkt seiner Museumsplanung und Grundlage für Form und Anordnung der Fensterschlitze.

Offiziell heißt das Projekt „Erweiterung des Berlin Museums mit Abteilung Jüdisches Museum“, aber ich habe es „Between the Lines“ (zwischen den Linien) genannt, weil es sich für mich dabei um zwei Linien, zwei Strömungen von Gedanken, Organisation und Beziehungen handelt.
Die eine Linie ist gerade, aber in viele Fragmente zersplittert, die andere Linie windet sich, setzt sich jedoch unendlich fort. Diese beiden Linien entwickeln sich gemeinsam architektonisch und programmatisch durch einen begrenzten, klar umrissenen Dialog. Sie fallen auch auseinander, lösen sich voneinander und werden als getrennt gesehen. Auf diese Weise decken sie eine Leere auf, die in immer wieder unterbrochener Folge dieses Museum – wie auch die Architektur als Ganzes – durchzieht. (...)
Der Grundgedanke ist eigentlich ganz einfach: nämlich das Museum um einen leeren Raum herumzubauen, der sich durch das ganze Gebäude zieht und von den Besuchern erlebt werden soll. Physisch ist von jüdischer Präsenz in Berlin sehr wenig übrig geblieben – nur kleine Gegenstände, Dokumente, Archivmaterialien, die eher eine Abwesenheit als eine Präsenz heraufbeschwören.
Daniel Libeskind, 1989

Die von Libeskind labyrinthisch und asymmetrisch angeordneten Ausstellungsräume im Inneren des Gebäudes vermitteln ein eindrucksvolles, aber auch verwirrendes Raumerlebnis. Gezackte Wandeinschnitte, durch die Lichtstrahlen eindringen und den Raum zerschneiden, schiefe und spitze Winkel überall irritieren das Orientierungsvermögen und den Gleichgewichtssinn (Bild 57.2).
Die Absicht des Architekten, auch Wände und Böden schief zu errichten, scheiterte an den Kosten.

Ob die Räume ihre Funktion als Ort für die Ausstellungsstücke überhaupt erfüllen können, ist umstritten, wie die Kritikerstimmen zeigen. Das Museum ist mehr als nur ein Ausstellungsort, es ist ein gebautes Mahnmal.

Erinnerung ist nie aufbewahrt im einzelnen Objekt, sagt dieses Haus, sondern immer im Netz zwischen den Dingen.
Hanno Rauterberg, 1998

Solange das Jüdische Museum unmöbliert und leer ist, lässt sich Daniel Libeskinds genialer Bau als Gesamtkunstwerk mit hoher Symbolkraft begreifen. Fast wünscht man sich, es bliebe so.
Peter M. Bode, 1999

Ist das ein Museum? Nein. Oder vielmehr, wenn es ein Museum ist, dann ist Libeskind da ein Fehler unterlaufen (...). Die unregelmäßigen und gebrochenen Räume sind für Ausstellungsgegenstände „unbewohnbar“ (...) Das Gebäude zwingt unerbittlich jedem Konzept über seinen Inhalt seine eigenwillige Gestalt auf.
John Czaplicka, 1999

Libeskinds Räume sind so durchdrungen vom Bewusstsein des jüdischen Lebens und Leidens in Deutschland, dass die Exponate dadurch einfach bereichert werden müssen.
Victoria Newhouse, 1998

1

2

Daniel Libeskind
(1946/Lodz, Polen)
Als Elfjähriger emigrierte Libeskind mit seinen Eltern von Polen nach Israel. Drei Jahre später übersiedelte er in die USA und begann 1965 ein Architekturstudium in New York.
Nach Aufenthalten in England und Italien eröffnete er 1989 ein Büro in Berlin.
Das *Jüdische Museum* ist der erste Entwurf, den Libeskind, der zu den bekanntesten Vertretern des Dekonstruktivismus (vgl. Seite 57) zählt, verwirklichen konnte. 1998 wurde in Osnabrück das ebenfalls von Libeskind geplante *Felix-Nußbaum-Museum* eröffnet.

✔ Diskutieren Sie Ihre Ansichten zur Aufgabe eines Museums. Setzen Sie sich mit den unterschiedlichen Aussagen der Kritiker auseinander.

✔ Entwerfen Sie in Ansicht und Grundriss ein thematisches Museum (Schiffsmuseum, Fahrradmuseum, Schraubenmuseum etc.) als architektonisches Zeichen.

✔ Vergleichen Sie den Libeskind-Bau im Hinblick auf dekonstruktivistische Stilmerkmale mit dem Feuerwehrhaus von Zaha Hadid (Seite 58 f).

1

Zaha M. Hadid
(1950/Bagdad)
Nach einem Mathematikstudium in Beirut studierte Zaha Hadid 1972–77 Architektur in London, wo sie seit 1982 ein eigenes Büro führt. 1983 gelang ihr mit dem 1. Preis im Wettbewerb für *„The Peak"*, eine Wohn- und Clubanlage in Hongkong, der internationale Durchbruch. Unausgeführt wie „The Peak" blieben in den folgenden Jahren ebenfalls preisgekrönte Entwürfe, beispielsweise das *Opernhaus in Cardiff* (1994) oder der *„Neue Zollhof"* in Düsseldorf (1989).
1999 baute Hadid in Weil am Rhein den *Ausstellungspavillon zur Landesgartenschau*. Im gleichen Jahr erhielt sie den Auftrag für den Bau des *„Zentrums für Moderne Kunst"* in Cincinnati, Ohio, den ersten Museumsbau in den USA, der von einer Frau konzipiert ist.

Das Feuerwehrhaus auf dem Fabrikgelände der Möbelfirma Vitra in Weil am Rhein ist das erste größere Projekt, das die in London lebende Architektin Zaha Hadid ausführen konnte. Obwohl sie in den Jahren zuvor schon mit spektakulären Entwürfen bedeutende Wettbewerbe gewonnen hatte, scheuten sich letzten Endes doch Bauherren und Investoren davor, ihre kühnen Vorstellungen in reale Gebäude umzusetzen.
Der Auftrag des Möbelherstellers Vitra lautete, für die Betriebsfeuerwehr eine Feuerwache zu planen, deren Erscheinungsbild ebenso ungewöhnlich wie das des Vitra Design Museums (vgl. Seite 6) sein sollte. In zahlreichen Standortanalysen, Entwurfszeichnungen und Modellen lotete die Architektin ihre Möglichkeiten und architektonischen Vorstellungen aus. Die Gemälde und Zeichnungen (alle von Hand angefertigt) betrachtet die Architektin als wichtiges Instrument im Prozess der Ideenfindung.

Eine ihrer Entwurfsskizzen für das Feuerwehrhaus (Bild 58.2) zeigt die für sie typische Arbeitsweise: Obwohl das Gebäude massiv ist, zeichnet Zaha Hadid es als transparenten Baukörper. Wände, Fußböden und Dächer scheinen auseinander zu bersten. Der Raum wird ins Unendliche fortgesetzt, der Eindruck von Dynamik und gleichzeitiger Schwerelosigkeit entsteht. Oft blendet Hadid auch in einer Zeichnung mehrere Perspektiven der Pläne übereinander und zwingt damit den Betrachter, sich neue Formen des Sehens anzueignen.
Ihre Zeichnungen und Gemälde wollen den „geistigen" Kern des geplanten Bauwerks herausarbeiten, sie spiegeln eher die Idee eines Gebäudes wider als sein späteres Aussehen.

Der wichtigste Grundgedanke unseres Entwurfs ist eine Abfolge von geschichteten Sichtschutzmauern. Je nach Funktionsbereich sind die Wände

2
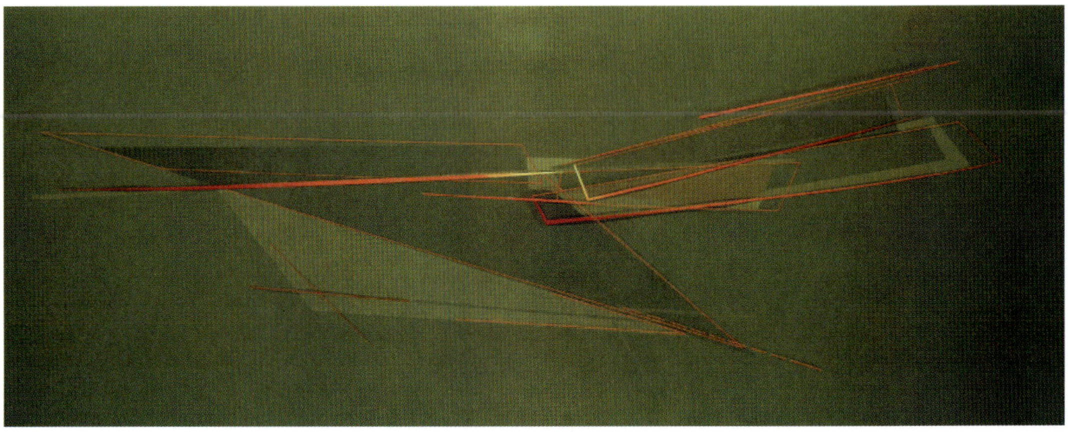

58.1 Zaha Hadid: Feuerwehrhaus der Firma Vitra in Weil am Rhein, 1990–1993

58.2 Entwurfszeichnung, 1990

mehr oder weniger geöffnet. Die größte Öffnung bilden die Ein- und Ausfahrttore für die Feuerwehrfahrzeuge, die wichtigsten Objekte des Interieurs. Die rot lackierten Fahrzeuge stehen im Raum wie rituelle choreografische Zeichen.
Das gesamte Gebäude wirkt wie erstarrt. Dennoch spürt man, dass alles bereit ist, bei einem Alarm blitzschnell in Aktion zu treten.

Zaha Hadid, 1993

Das Betriebsgebäude für die Firmenfeuerwehr besteht aus einer Garage für fünf Einsatzfahrzeuge, Garderoben und Duschen für die Besetzung der Wache und einem Übungs- und Vortragsraum im Erdgeschoss. Im oberen Geschoss befindet sich ein Aufenthaltsraum mit Dachterrasse.

Eine Serie gestaffelter Trennwände war Ausgangspunkt für die Gebäudeplanung. Entgegen der jahrhundertealten Gewohnheit senkrechter Wände wird diese Tradition hier systematisch aufgehoben. Das Haus besteht aus lang gestreckten, neben- und übereinander geschobenen Baukörpern, die nach außen drängen und damit den Eindruck von Dynamik, gleichzeitig aber auch Verunsicherung hervorrufen (Bild 59.2). Durchbrochen wird die Staffelung nur an einer wichtigen Stelle: der Ausfahrt der Löschfahrzeuge und deren Fahrtrichtung.
Im Inneren entstehen durch die parallele Schichtung der Wände fließende, bewegte Räume (Bild 59.1). Die Fenster sind rahmenlos eingefügt. Geneigte Schiebetüren und Schrankwände aus Edelstahl oder schräg im Raum platzierte Duschen und Küchenzeilen fügen sich in das Gesamtkonzept des Feuerwehrhauses ein.

Das 30 Meter lange Gebäude ist aus Sichtbeton erstellt. Beton bezeichnet Hadid als den für ihre Projekte und das 20. Jahrhundert zeitgemäßen Baustoff (vgl. Seite 4).
Moderne Architektur sollte ihrer Meinung nach ohne dekoratives Detail auskommen, aber dennoch sehr detailliert sein. *„Luxus entsteht erst durch Raum“*, hat sie einmal gesagt. *„Wenn man ein Gebäude plant, das wie bei Vitra, ohne Detail auskommt, muss es sehr gut konzipiert sein. Und das verlangt Präzision und sehr viel Zeit.“*

In Weil am Rhein führt die Architektin zugleich vor, dass sie das abgegriffene Vokabular der Moderne souverän und anders zu deklinieren weiß. Sie hat das Wunder vollbracht, aus den architektonischen Elementen von Wand und Decke, Körper und Öffnung etwas grundlegend Neues zu schaffen: „eine neue Art von Raum“. Ihr erstes ausgeführtes Bauwerk ist ein Manifest ihres zentralen Entwurfsthemas einer neuen Raumauffassung, ein Meilenstein nicht nur in ihrer eigenen Arbeit, sondern der Architekturmoderne.
(...) Die Verheißung von Farbe und Rasanz, wie sie in Zaha Hadids Entwürfen aufschien, erfüllt sich vor allem im Inneren. Im schimmernden Halbdunkel fühlt man sich an manche Science-fiction-Filme erinnert, in denen die Kamera durch endlose Räume fliegt und die Gewissheiten der Gravitation allmählich schwinden. Wer bewegt sich? Der Raum oder die Kamera? Der Raum oder man selbst? Wie auf dem Sprung verharren die Mauern, scheinen, losgelöst von der Schwerkraft, ihre Reise zu imaginären Fluchtpunkten jeden Augenblick fortsetzen zu wollen.
(...)

Amber Sayah, 1993

Dekonstruktivismus
Bewegung in der Architektur der 80er und 90er Jahre des 20. Jahrhunderts, die die Aufhebung der euklidischen Geometrie zum formalen Leitbild erhebt.
Schräg gestellte Wände, sich durchdringende Baukuben, unregelmäßig geneigte und gebündelte Stützen, disharmonische Farb- und Materialkompositionen, dynamisierte Räume und scheinbar zertrümmerte Volumina gehören zu den Erkennungsmerkmalen.
Zu den bekanntesten Vertretern zählen neben Zaha Hadid Frank O. Gehry, Coop Himmelb(l)au und Daniel Libeskind (vgl. Seite 54 f).

1

2

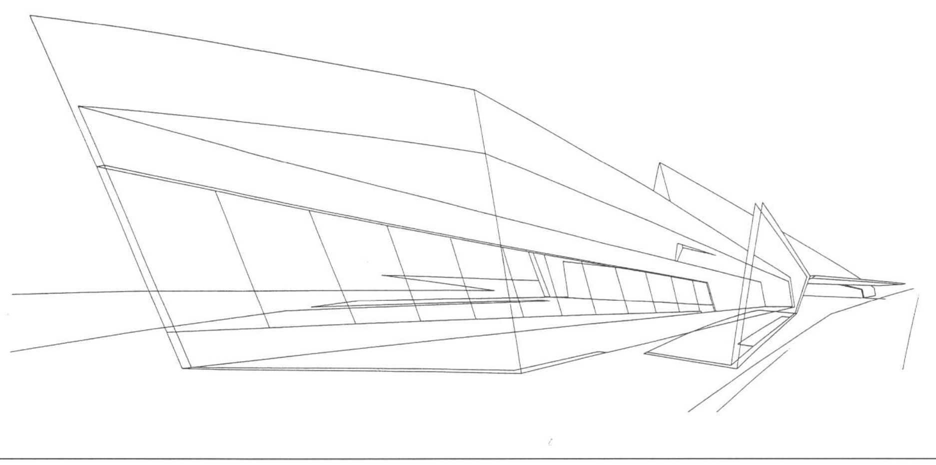

✘ Als „Blitz aus Beton“ und „Architektur der Geschwindigkeit“ wurde Zaha Hadids Gebäude bezeichnet. Experimentieren Sie mit farbigen Kartonscheiben und fertigen Sie einen dekonstruktivistischen Kiosk.

59.1 Den Vortragsraum im Erdgeschoss prägen an der Stirnseite eine goldschimmernde Wand und die gekrümmte Fensterfront.

59.2 Isometrie

MVRDV
(Winy Maas, Jacob van Rijs, Nathalie de Vries)
Gründung der Architektengemeinschaft 1991 in Rotterdam. Der erste große Auftrag, ein *Bürogebäude für den Rundfunksender VPRO* in Hilversum (1993), auf minimaler Grundfläche errichtet, wurde gleich ein Erfolg. Für die Weltausstellung Expo 2000 in Hannover konzipierte die Gruppe den *niederländischen Pavillon* aus übereinander gestapelten Landschaften.

✘ Diskutieren Sie die Aussagen von MVRDV zur Zukunft des Städtebaus. Gibt es in Deutschland eine vergleichbare Situation? Sammeln Sie dazu Daten zu Bevölkerungs- und Verkehrsentwicklung.

✔ Sammeln Sie in der Gruppe Vorschläge (auch unkonventioneller Art) zur Flächenüberbauung in Industriegebieten, entlang von Autobahnen, in Tunnelschächten etc. ...

✔ Konzipieren Sie ein mehrstöckiges Zweifamilienhaus in einer Baulücke von 5 Metern Breite.

Genau 100 Seniorenwohnungen sollte die junge holländische Architektengemeinschaft *MVRDV* in einem Vorort von Amsterdam bauen. Doch das schmale Grundstück, das zur Verfügung stand, bot nur Platz für 87 Appartements.
Im Rahmen eines Workshops mit Ingenieuren, dem Bauherrn und Vertretern des Stadtteils entwickelte die Architektengruppe eine Lösung, die fast schon abenteuerlich anmutet: An die Nordfassade des neunstöckigen Gebäuderiegels, der über Laubengänge erschlossen wird, hängten sie fünf Erker, die aussehen wie herausgezogene Schubladen (Bild 61). In diesen „Rucksackwohnungen" fanden die restlichen 13 Wohneinheiten Platz. Wegen ihres Ausblicks sind gerade diese Wohnungen mittlerweile sehr beliebt.
Um der Gefahr der Monotonie bei der Fassadengestaltung des über 100 Meter langen Hauses zu entgehen, verwendeten die Architekten eine Vielzahl unterschiedlicher Gestaltungselemente und Bauteile (Bild 60). Die Fensteröffnungen – mal hoch, mal schmal, mal klein, mal groß – sind wie Konfetti über die Fassade verstreut. Die davor liegenden Balkone variieren ebenfalls ihre Form und leuchten mit grünen, orangenen und violetten Brüstungen aus Plexiglas. Auch durch die Materialstruktur der Holzverkleidung ergeben sich auf der Fassadenoberfläche ungleichmäßige Schattierungen.

Das Prinzip der Verdichtung ist ein zentraler Punkt in den Planungen von *MVRDV*. Ihr Ansatz geht weit über das bloße Entwerfen von Häusern hinaus, Stadt- und Landschaftsplanung nehmen einen sehr breiten Raum ein. Dabei stellen sie sich die Frage, welche Alternativen es zu den ausufernden Vorstädten geben könnte, dem „Siedlungsbrei" aus Reihenhäuschen, Gewerbegebieten und Einkaufszentren, die auf der grünen Wiese die Natur verbauen. Die Basis ihrer Visionen und Denkmodelle bilden Datenrecherchen zu Verkehr, Bevölkerungsentwicklung, Arbeits- und Freizeitverhalten.

Unter dem Motto „Die Niederlande schaffen Raum" ruft MVRDV zu einem radikalen Umdenken im Städtebau auf. (...)
„Die Menschen müssen die Angst vor der Dichte verlieren!", erläutert Nathalie de Vries. „Sie reagieren immer noch zu defensiv, anstatt die Vorteile zu sehen." Ein scheinbar paradoxer Effekt: Nur durch Zusammenrücken könne der Mensch wieder Freiraum bekommen, Luft zum Atmen, und sich als Individuum in der Masse behaupten: Also stapeln sie und schichten, drücken und quetschen, ringen um jeden Zentimeter und setzten dem Einheitsbrei der Neubauviertel spielerisch gestaltete Fassaden und ebenso intelligent wie individuell gestaltete Innenräume entgegen.
(...) Auf das Denken in größeren Zusammenhängen kommt es an, erläutert Winy Maas. „Früher arbeitete ein Architekt intuitiv, aus dem Bauch heraus." Heute sammelt er Daten. Wie entwickeln sich Verkehr und Freizeitverhalten? Wie die Arbeitszeiten? Wird es eher mehr oder weniger Kinder geben? Die Architekten ordnen und filtern ihre demografischen und ökologischen Informationen und machen sie am Computer als Diagramme oder Kurven anschaulich. Nur nicht in gewohnte Denkmuster verfallen! Auch über der Autobahn könne man friedlich auf der Terrasse sitzen, und warum soll ein Kind nicht im zehnten Stock glücklich aufwachsen können, wenn vor dem Wohnzimmer ein eigener Garten hängt? (...)
Dann wird sich auch niemand mehr bei den „Wegwerf-Vierteln" an den Kopf tippen: Wohnviertel, die einfach wieder abgerissen werden, wenn sie im Weg stehen, ohne aufwändige Telefonleitungen, auf die man dank Handy längst verzichten kann, und mit Öko-Auffangbecken statt teurer Kanalisation. „Einen Computer kann man schon in zwei Jahren abschreiben", rechnet Winy Maas vor, „ein Auto in sieben – warum maßt sich Architektur Ewigkeitswert an?"

Kerstin Schweighöfer, 1999

60 MVRDV: WoZoCo-Seniorenwohnhaus, Amsterdam, 1995–1998
Südfassade

61 Nordfassade mit angehängten „Rucksackwohnungen"

Apsis: Halbrunde oder polygonale Altarnische im Chorabschluss der Kirche, manchmal auch in Seitenschiffen.

Architrav: Der waagrechte Balken unmittelbar über einer Säulenreihe, bei antiken Tempelbauten der unterste Teil eines Gebälks.

Arkade: Bogenstellung, ein auf Pfeilern oder Säulen ruhender Bogen.

Balustrade: Brüstung oder Geländer mit kleinen Säulen aus Holz oder Stein (Baluster).

Basilika: Ursprünglich griech. Bauform, bei den Römern Gerichts- oder Markthalle, von den Christen im Grundriss und Aufriss für den Kirchenbau übernommen. Charakteristisch für den drei- oder fünfschiffigen Raum ist, dass das beherrschende Mittelschiff die mit Säulen- oder Pfeilerreihen abgetrennten Seitenschiffe überragt und dadurch im Obergaden eigene Fenster ermöglicht.

Basis: Unterster, tragender Teil einer Säule oder eines Pfeilers.

Binder: Tragendes Gerüst einer Dachkonstruktion.

Blendarkaden, Blendbögen: Arkaden, die keine Maueröffnung überbrücken, sondern der geschlossenen Wand nur aufgelegt, vorgeblendet sind. Wird meist als Zierform und zur Wandgliederung verwendet.

Bossenmauerwerk (Rustika): Mauerwerk aus wuchtigen Quadersteinen, mit grob behauenen Sichtflächen und tiefer liegenden Fugen.

Cella (Naos): Rechteckige Kernkammer des antiken Tempels, Aufbewahrungsort des Götterbildes.

Chor: Bezeichnung für den Altarraum im östlichen Teil der Kirche.

Chorumgang: Ein um den Chor herumlaufender Gang, der durch Weiterführung der Seitenschiffe entsteht. Er ist zum Chor hin meist offen und häufig von radial angeordneten Chorkapellen (Kapellenkranz) umgeben.

Curtain wall (Vorhangfassade): Eine dem Stahl- oder Stahlbetonskelett vorgehängte, nichttragende Außenwand, die lediglich den Raum abschließt und keine stützende Funktion hat.

Dienst: Einer Wand oder einem Pfeiler vorgelegte, dünne Halb- oder Dreiviertelsäule, die Gurte oder Rippen eines Gewölbes aufnimmt.

Dreipassbogen: s. Pass

Empore: Galerieähnliches Obergeschoss in Innenräumen. In Kirchen können sie zu beiden Seiten des Mittelschiffs oder über dem Eingang liegen.

Enfilade: Typisches Gestaltungsmerkmal der barocken Schlossbaukunst. Raumfolge, deren Türen alle in einer Achse liegen, so dass man, wenn sie geöffnet sind, einen Durchblick durch mehrere Zimmer hat.

Fensterrose: In der Gotik kreisrundes, mit Maßwerk gefülltes Fenster. Große F. über dem Mittelportal der Westfassaden gotischer Kathedralen, häufig aber auch über den Querschiffportalen. Doppelsymbol für Christus als die neue Sonne und Maria als „Rose ohne Dornen“.

Fiale: Gotisches Architekturelement in Gestalt eines Spitztürmchen als verzierende Bekrönung von Strebepfeilern oder als Flankierung der Wimperge. Der Helm der F. ist an den Kanten meist mit Krabben (Ornamente in Form plastischer Blätter) besetzt und von einer Kreuzblume (Ornament in Form kreuzförmig entfalteter Blätter) bekrönt.

Flamboyant: Bezeichnung für die letzte Stilstufe der Spätgotik in Frankreich, gekennzeichnet durch Überlängung bestimmter Maßwerkformen, die an Flammen erinnern (frz. „flamboyant“= flammend).

Fries: Schmaler, waagrechter Mauerstreifen zur Abgrenzung von Flächen oder zur Dekoration von Architekturteilen, meist mit ornamentalem oder figürlichem Schmuck. Im antiken Tempelbau Abschnitt zwischen Architrav und Gesims.

„Gebundenes System“: Aus dem Quadrat der Vierung entwickeltes Maßsystem der Romanik. Einem Quadrat oder Joch des Mittelschiffs entsprechen in der Grundfläche vier Seitenschiffjoche, auf jeder Seite zwei.

Gesims: Waagrecht aus der Mauer hervortretendes Bauelement, das eine Wand oder einen Baukörper horizontal gliedert. Bei den klassischen Säulenordnungen der oberste Abschluss des Gebälks.

Gewände: Schnittfläche, die entsteht, wenn man ein Fenster oder Portal schräg in die Mauer setzt. Das Portalgewände romanischer und gotischer Kirchen ist oft reich verziert und mit Skulpturen ausgestattet.

Gewölbe: Gewölbter Decken- oder Dachabschluss eines Raumes, nach seinem Material (Holz, Stein, Beton etc.) sowie vor allem nach seiner Form (Tonne, Grat- oder Rippengewölbe) unterschieden.

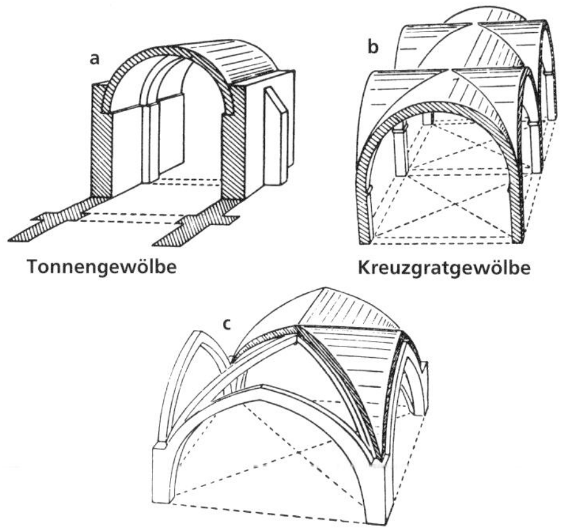

Tonnengewölbe
Kreuzgratgewölbe
Kreuzrippengewölbe

Goldener Schnitt: Von den Griechen entdecktes Gliederungsprinzip. Der Goldene Schnitt ist die Teilung einer Strecke AB in zwei Abschnitte, und zwar so, dass der kleinere Abschnitt BE sich zum großen Abschnitt AE verhält wie dieser zur gesamten Strecke AB. Dies kann nicht mathematisch errechnet, sondern nur mit dem Zirkel konstruiert werden. Beim Mensch verläuft der Goldene Schnitt durch den Bauchnabel.

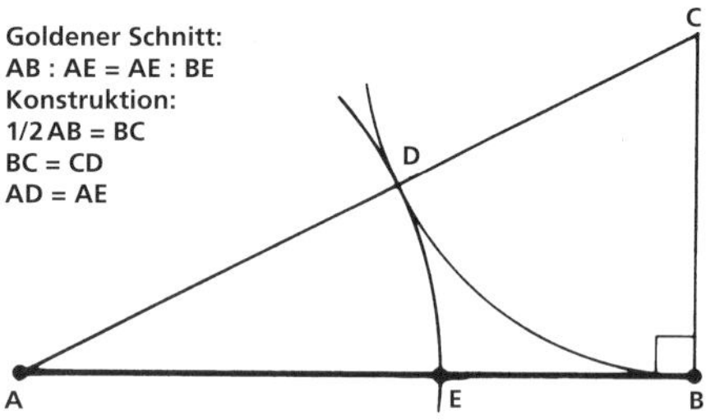

Gurtbogen: Quer zur Längsachse eines Gewölbes verlaufender Verstärkungsbogen.

Joch: Regelmäßig sich wiederholendes Gewölbefeld eines Bauwerks, in Längsrichtung gemessen. Im antiken Tempel Abschnitt zwischen zwei Stützenachsen.

Kämpfer: Ort, an dem die Drucklast eines Bogens oder Gewölbes vom Mauerwerk oder von Stützen aufgenommen wird und die Krümmung des Bogens beginnt.

Kanneluren: Senkrechte Hohlrillen an Säulen-, Pfeiler- oder Pilasterschäften.

Kapitell: Oberer Abschluss einer Säule oder eines Pfeilers. Vermittelt formal zwischen Stütze und Last. Anhand ihrer Formen lassen sich die Säulenordnungen bestimmen.

Kassette: Vertieftes quadratisches oder vieleckiges Schmuckfeld in einer Decke.

Königsgalerie: Eine Reihe von Statuen in einer Galerie, in Nischen oder unter Baldachinen an den Fassaden gotischer Kathedralen in Frankreich. Ob die Figuren die Vorfahren Christi oder die französ. Könige darstellen, ist nicht geklärt.

Konsole: Vorspringendes Tragelement, auf dem ein Bogen, ein Gesims, Skulpturen, Balkone, Erker etc. ruhen.

Kranzgesims: Stark ausladendes Gesims unter dem Dach, das optisch die Aufnahme der Dachlast betont.

Kreuzgratgewölbe: Gewölbeform, die bei der Durchdringung zweier gleich hoher Tonnengewölbe entsteht. Die sich kreuzenden diagonalen Schnittlinien werden als Grate bezeichnet (b).

Kreuzrippengewölbe: Weiter entwickelte Form des Kreuzgratgewölbes, die auf einer Zerlegung des Gewölbes in tragende und füllende Elemente beruht. Die Gewölbegrate werden als selbstständige Rippen konstruiert. Gurtbögen, Schildbögen und die sich diagonal kreuzenden Rippen bilden das tragende Gerüst, die Kappen die Füllung (c).

Laterne: Lichtzuführender Aufsatz, oft in Form eines Türmchens, über einer Kuppelöffnung.

Lisene: Vertikaler der Wand vorgelegter Mauerstreifen ohne Basis und Kapitell zur Gliederung von Fassaden, hauptsächlich in der Romanik. Die Lisenen sind oben häufig durch Blendbogen oder Rundbogenfriese miteinander verbunden.

Maßwerk: In der Gotik entwickelte Schmuckform. Ursprünglich nur zur Unterteilung der Bogenspitze großer Fenster gedacht, später auch zur Gliederung von Wandflächen verwendet.

Metope: Reliefplatte zwischen den Triglyphen am Tragbalken der Dachkonstruktion eines dorischen Tempels. Oft mit bauplastischem Schmuck gefüllt.

Obergaden (Lichtgaden): Das die Seitenschiffe überragende Obergeschoss einer Basilika, das durch Fenster durchbrochen ist.

Pass: Ornamentform aus Dreiviertelkreisen. Nach Anzahl der Kreisbögen unterscheidet man zwischen Dreipässen und Vierpässen.

Portalgewände: s. Gewände.

Portikus: Ein von Säulen (selten von Pfeilern) getragener offener Vorbau (Eingangshalle) vor der Hauptfront eines Gebäudes.

Pilaster: Der Wand vorgelegter Halbpfeiler mit quadratischem oder rechteckigem Querschnitt. Häufig in Basis, Schaft und Kapitell gegliedert, meist mit dekorativer Funktion.

Pfeiler: Senkrechte Mauerstütze auf rechteckigem oder vieleckigem Grundriss. Der Pfeiler kann wie die Säule gegliedert sein.

Reliquien: Überreste von Heiligen, d.h. Gebeine, Asche, auch Kleider oder von ihnen benutzte Gegenstände.

Risalit: Vor die Flucht des Hauptbaukörpers vorspringender Gebäudeteil. Je nach Lage unterscheidet man in Mittel- oder Seiten- bzw. Eckrisalit.

Rustika: s. Bossenmauerwerk

Säule: Senkrechte Mauerstütze auf kreisrundem Grundriss. Die Säule gliedert sich in Basis, Schaft und Kapitell.

Säulenordnung: In der griechischen Baukunst wird zwischen drei Hauptordnungen unterschieden: die dorische, die ionische und die korinthische Säulenordnung. Diese Kategorisierung resultiert aus den unterschiedlichen Formen von Basis, Schaft und Kapitell.

Die **dorische Ordnung,** die auch als ernst, schwer und männlich beschrieben wird, ist die einzige, bei der die Säule keine Basis besitzt, sondern unmittelbar auf der obersten Stufe des Tempelunterbaus steht. Der Säulenschaft verjüngt sich nach oben und hat Kanneluren, die in scharfen Graten aneinander stoßen. Das Kapitell wird von einem wulstförmigen Körper *(Echinus)* und einer quadratischen Abdeckplatte *(Abakus)* gebildet. Der Architrav ist in der Regel mit regelmäßig unterbrochenen Reihen kleiner, tropfenförmiger Elemente *(Guttae)* versehen. Den darüber liegenden Tragbalken gliedern Triglyphen, die sich mit quadratischen, meist mit Bauplastik geschmückten Feldern *(Metopen)* abwechseln. Über dem Triglyphenfries folgt die ausladende Hängeplatte *(Geison)* des Gesimses.

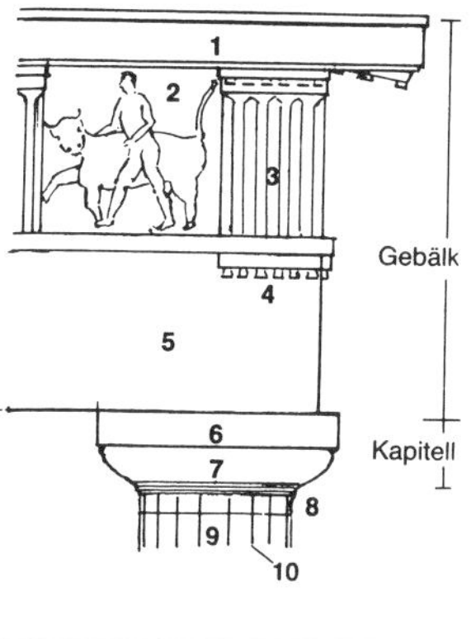

1 Geison
2 Metope
3 Triglyphe
4 Guttae
5 Architrav
6 Abakus
7 Echinus
8 Hals
9 Kanneluren
10 Grate

Bei der **ionischen Ordnung**, die auch als heiter, kommunikativ und weiblich gilt, ist der Säulenschaft insgesamt höher und schlanker als bei der dorischen. Flache Stege trennen die Rillen im Schaft, der auf einer Basis steht. Bei kleineren Tempelbauten findet man den Schaft oft durch eine weibliche Figur *(Karyatide)* ersetzt, die als Gebälkstütze dient. Das Kapitell besteht im Wesentlichen aus zwei spiralförmig geschwungenen Schnecken *(Voluten)*. Den Architrav gliedern drei übereinander liegende und um der Schattenwirkung willen leicht vorspringende Bänder *(Faszien)*. Der Fries zeigt entweder keinerlei Verzierung oder ist mit Reliefs geschmückt. In einer Variante trägt er eine dichte Reihe kleiner rechteckiger Felder, die wie Zähne aussehen *(Zahnschnittornament)*. Das Gesims *(Geison)* ist ähnlich wie beim dorischen Stil ausgebildet.

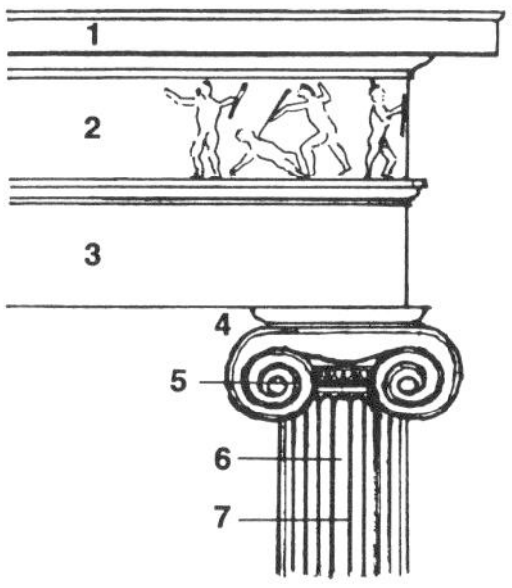

1 Geison
2 Fries
3 Architrav
4 Abakus
5 Voluten
6 Kanneluren
7 Stege

Die **korinthische Ordnung**, der ein spielerischer, festlicher Charakter nachgesagt wird, ist lediglich eine Abart der ionischen mit einer neuartigen Kapitellausbildung. Um den unteren Teil des Kapitells herum legen sich 16 Akanthusblätter (Bärenklau), von denen acht höher hinausragen. Aus dem Blattkranz entwickeln sich vier symmetrisch angeordnete Volutenpaare. Die Eckvoluten tragen den nach innen abgeschrägten Abakus.

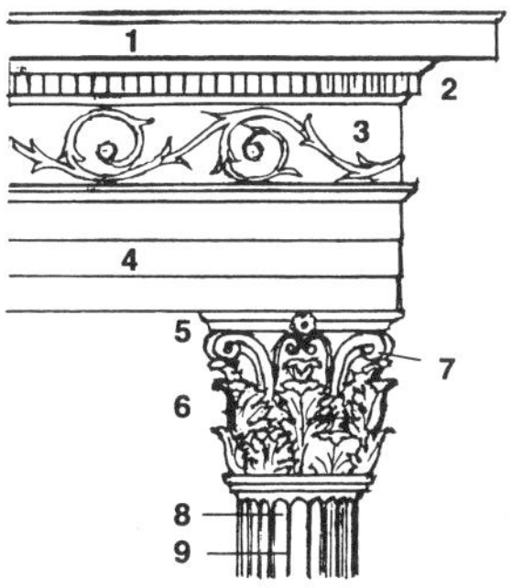

1 Geison
2 Zahnschnitt
3 Fries
4 Architrav aus drei Mauerstreifen (Faszien)
5 Abakus
6 Kapitell mit Akanthusblattwerk
7 Voluten
8 Kanneluren
9 Stege

Die Römer übernahmen von den Griechen den Formenkanon ihrer Sakralbaukunst und ergänzten die Kapitellformen um eine vierte, das so genannte **Kompositkapitell**. Es setzt sich aus dem Blattkranz des korinthischen und den Voluten des ionischen Kapitells zusammen. Ergänzend entwickelten sie eine 5. Ordnung, die toskanische oder **tuskische**, die eine schlichtere Version der dorischen Ordnung ohne Kanneluren ist.

Schildbogen: Bogen an der Wand- bzw. an der Fensterseite eines Gewölbes.

Sockelgeschoss: Als Gebäudesockel ausgebildetes und stärker betontes Geschoss.

Strebebogen: Teil des Strebewerks in gotischen kathedralen. Der schräg ansteigende Strebepfeiler leitet den Gewölbeschub auf die Strebepfeiler ab.

Strebepfeiler: Sich nach oben stufenweise verjüngender Mauervorsprung an der Außenwand der Seitenschiffe gotischer Kathedralen. Die Strebepfeiler leiten den Gewölbeschub und die Dachlast ab. Sie sind mit den Pfeilern im Hauptschiff durch Strebebögen verbunden.

Strebewerk: Konstruktives Verspannungssystem aus Strebebögen und Strebepfeilern zur Ableitung des Schubs von Gewölbe und Dach, vor allem an gotischen Kirchen.

Stuck: Kalk- oder Gipsmörtel zur Verkleidung der Wände.

Thermenfenster: Halbkreisförmiges, durch zwei senkrechte Pfosten dreigeteiltes Fenster. Die Form geht auf Fensteröffnungen in den Diokletianthermen in Rom zurück.

Tonnengewölbe: Einfachste Gewölbeform, dessen Querschnitt auf einem Halbkreis oder nur einem Kreissegment beruht (a).

Triforium: Laufgang in der Hochschiffwand mittelalterlicher Kirchen unterhalb der Fensterzone. Öffnet sich meistens in dreifacher Bogenstellung zum Mittelschiff.

Triglyphe: Mit drei Einkerbungen versehene Platte am Tragbalken der Dachkonstruktion eines dorischen Tempels.

Türsturz: Horizontaler Balken oder Stein, der die Türöffnung nach oben abschließt.

Vestibül: Vorhalle eines Hauses, Empfangshalle.

Vierung: Quadratischer oder rechteckiger Raum, der in Kirchenbauten durch die Durchdringung von Langhaus und Querhaus entsteht.

Volute: Schnecken- oder spiralförmig eingerolltes Zierornament. S. auch ionische Säulenordnung.

Westwerk: Frühromanischen und romanischen Domen oder Klosterkirchen im Westen vorgelegter, quadratischer Vorbau. Kirche des Kaisers oder Fürsten mit eigenem Altar. Nach außen erscheint das Westwerk als zweiter Turm, oft von zwei erhöhten Treppentürmen flankiert.

Widerlager: Fester Auflagepunkt oder -fläche, das dem seitlichen Schub eines Bogens oder Gewölbes entgegen wirkt.

Wimperg: Giebelartige Bekrönung gotischer Spitzbogenfenster und Portale. Der Wimperg ist oft von Fialen gerahmt und mit Krabben und Kreuzblumen geschmückt (s. Fiale).

Zwerggalerie: Ein von kleinen Säulen gegliederter Laufgang unter dem Dachgesims in der Außenmauer romanischer Bauten.

4.1–4.5: © Armin Scharf, Stuttgart; 5.1 s. 12.1; 5.2 s. 40.1; 5.3 s. 43; 5.4 s. 47; 5.5 s. 52.1; 6.1, 6.5: © Armin Scharf, Stuttgart; 6.2 s. 28.1, 6.3 s. 34; 6.4 s. 20.1; 6.6 aus: Pevsner u.a.: Lexikon der Weltarchitektur, Prestel, München 1987; 7.1, 7.2: aus Naredi-Rainer, Paul von: Architektur und Harmonie. Zahl, Maß und Proportion in der abendländischen Baukunst, Dumont, Köln 1989; 7.3 aus Nerdinger; Winfried: Elemente künstlerischer Gestaltung, Lurz Verlag, München 1986; 8.1–8.5: © Armin Scharf, Stuttgart; 9.1 s. 40.2; 9.2 s. 31.1; 9.3 s. 59.2; 9.4 s. 46.1; 9.5: dpa, Frankfurt; 10.1: AKG/John Hios, Berlin; 10.3: Werner Müller/Gunther Vogel: dtv-Atlas Baukunst. Graphiken von Inge und István Szász © 1974 Deutscher Taschenbuch Verlag, München; 11.1: Scala, Florenz, 11.2 aus: Wilfried Koch, Baustilkunde, Mosaik Verlag, München 1994; 11.3 aus: Filippo Coarelli, Rom. Ein archäologischer Führer. Verlag Herder, Freiburg 1975; 11.4: Bilderberg/Milan Horacek, Hamburg; 12.1: AKG/Stefan Drechsel, Berlin; 12.2: Alberto Berengo Gardin, Rom; 13.1: © Kurt Gramer, Bietigheim-Bissingen; 13.2: ars liturgica/Kunstverlag Maria Laach; 14.1: Bildarchiv Foto Marburg; 14.2 aus: Geschichte der Architektur. Von der Antike bis heute. Könemann Verlag, Köln 1996, S. 32. Zeichnung: Christine Melhose; 15.1: AKG/Erich Lessing, Berlin; 16: Artephot/Nimatallah, Paris; 17.1: Werner Müller/Gunther Vogel: dtv-Atlas Baukunst, Bd.1. Grafiken von Inge und Istvan Szász © 1981 Deutscher Taschenbuch Verlag, München; 17.2: AKG, Berlin/Erich Lessing; 18: Wolf-Christian von der Mülbe, Dachau; 19.1: Peter Walser, Stuttgart; 19.2 aus Nerdinger, Winfried: Elemente künstlerischer Gestaltung, Lurz-Verlag, München 1986; 20.1:© W. Otto/laenderpress, Mainz; 20.2: Gottfried Böhm, Köln; 21 aus: Pehnt, Wolfgang: Gottfried Böhm, Birkhäuser Verlag, Basel, Berlin, Boston 1999, Foto: Inge von der Ropp; 22.1: Bildarchiv Steffens, Mainz; 22.2, 22.3: Werner Müller/Gunther Vogel: dtv-Atlas Baukunst. Grafiken von Inge und István Szász © 1974 Deutscher Taschenbuch Verlag, München; 23.1, 23.2: A. Maivri, La Villa dei Misteri 1967; 23.3: © Rainer Hackenberg, Köln; 24, 25.1: Dieter Rensing, Münster; 26: Bildarchiv Foto Marburg; 27.1: Scala, Florenz; 27.2: Werner Müller/Gunter Vogel: dtv-Atlas Baukunst, Bd.1. Grafiken von Inge und István Szász © 1981 Deutscher Taschenbuch Verlag, München; 28.1–28.3: Gemeinnütz. Stiftung Schloss Weißenstein in Pommersfelden (Ingeborg Limmer); 29.1 Werner Müller/Gunter Vogel: dtv-Atlas Baukunst, Bd. 1. Graphiken von Inge und István Szász © 1981 Deutscher Taschenbuch Verlag, München; 29.2 s. 28.1; 30: AKG/Jost Schilgen, Berlin; 31.1, 31.2 aus K. F. Schinkel: „Architektonische Entwürfe", 28 Folgen, Berlin 1818–40. Vollständiger Reprint Chicago 1981; 31.3: Bildarchiv Foto Marburg; 32.1 aus Borsi, Franco/Portoghesi, Paolo: Victor Horta. DVA Stuttgart 1995/Stadtarchiv Brüssel; 32.2, 33.1, 33.2: © Ch. Bastin & J. Evrard, Brüssel; 33.3 s. 32.1; 34: Karl Krämer Verlag, Stuttgart; 35.1 aus: Karin Kirsch, Die Weißenhofsiedlung. Werkbundausstellung „Die Wohnung", Stuttgart. DVA Stuttgart 1987; 35.2: Archiv Baumeister, Stuttgart; 36.1: Plansammlung der Universitätsbibliothek der Technischen Universität Berlin Inv.-Nr. 17567; 36.2: Plansammlung der Universitätsbibliothek der Technischen Universität Berlin Inv.-Nr. 5462; 36.3 aus: Heinz Schomann, Der Frankfurter Hauptbahnhof – 150 Jahre Eisenbahngeschichte und Stadtentwicklung (1838–1988), DVA Stuttgart 1983; 37.2: Institut für Stadtgeschichte Frankfurt am Main; 38: aus Huse, Norbert (Hrsg.): Vier Berliner Siedlungen der Weimarer Republik. Ausstellungskatalog zur Ausstellung im Bauhaus-Archiv, Berlin 1985. Argon-Verlag, Berlin 1987; 39.1–39.3: aus Hüter, Karl-Heinz: Architektur in Berlin 1900–1933. Verlag der Kunst Dresden, 1987. Fotos: Ilona Ripke, Berlin; 40.1: Staatliche Museen zu Berlin/Preußischer Kulturbesitz, Kunstbibliothek. BPK Berlin; 40.2: Staatliche Museen zu Berlin/Preußischer Kulturbesitz, Kunstbibliothek. BPK Berlin, Foto: Dietmar Katz; 41.1: Staatliche Museen zu Berlin/Preußischer Kulturbesitz, Kunstbibliothek. BPK Berlin; 41.2: Staatliche Museen zu Berlin/Preußischer Kulturbesitz, Kunstbibliothek. BPK Berlin, Foto: Dietmar Katz; 41.3: Schlossbergmuseum Chemnitz; 42: aus: Klotz, Heinrich (Hrsg): Mies van der Rohe. Vorbild und Vermächtnis. Ausstellungskatalog des Deutschen Architekturmuseums Frankfurt, DAM Frankfurt Klett-Cotta, Stuttgart 1986, © VG Bild-Kunst, Bonn 2000; 43: Ezra Stoller © Esto Photographics; 44.1: Stadtplanungsamt Stuttgart. Foto: Ute Schmidt-Contag; 44.2: Gilbert Lupfer: Architektur der 50er Jahre in Stuttgart, Silberburg Verlag, Tübingen 1997; 44.3: © Armin Scharf, Stuttgart; 45.1: Karin Gutbrod, Berlin; 45.2: Kultur- und Kongresszentrum Liederhalle Stuttgart; 46.1–47: Institut für leichte Flächentragwerke (IL) Stuttgart, IL-Archiv Warmbronn; 48.1: © Michael Webb, Los Angeles; 48.2 aus Jencks, Charles: Architektur heute. Klett-Cotta, Stuttgart 1988; 49: aus Jencks, Charles: Architektur heute. Klett-Cotta, Stuttgart 1988, Foto Norman Mc Grath, New York; 50: Foster and Partners, London. Foto: Ian Lambot; 51: Architektur-Bilderservice Kandula, Witten; 52.1:© Jörg Hempel Photodesign, Aachen; 52.2, 53.1, 53.2:© Santiago Calatrava, Zürich; 53.3: View Pictures/Chris Gascoigne, London; 54.1: © Thomas Dix/architekturphoto, Düsseldorf; 54.2:© The Renzo Piano Building Workshop, Genua; 55.1:© Thomas Dix/architekturphoto, Düsseldorf; 55.2: Niggi Bräuning, Basel; 56.1: Ostkreuz/Werner Mahler, Berlin; 56.2: Daniel Libeskind, Berlin; 57.1, 57.2: Bitter + Bredt Fotografie, Berlin; 58.1:© Christian Richters, Münster; 58.2: Zaha Hadid Ltd., London; 59.1: Thomas Cugini, Zürich; 59.2: Zaha Hadid Ltd., London; 60:© Thijs Wolzak Fotografie, Amsterdam; 61:© Christian Richters, Münster, 62.1 aus: dtv-Lexikon, Bd. 7, ©1974 Deutscher Taschenbuch Verlag München; 63.1–63.3 aus: Dumonts Schnellkurs Architektur. Von der griechischen Antike bis zur Postmoderne, Dumont, Köln 1995[4]

Nicht in allen Fällen war es uns möglich, den uns bekannten Rechtegeber ausfindig zu machen. Berechtigte Ansprüche werden selbstverständlich im Rahmen der üblichen Vereinbarungen abgegolten.

Pevsner, Nikolaus: Europäische Architektur. Von den Anfängen bis zur Gegenwart. Prestel Verlag, München 1985
Brauchitsch, Boris von (Hrsg.): Dumont Schnellkurs Renaissance, Dumont, Köln 1999
Böhm, Gottfried. In: Raèv, Svetlozar: Gottfried Böhm. Vorträge, Bauten, Projekte. Karl Krämer, Stuttgart/Zürich 1988
Kahle, Barbara: Deutsche Kirchenbaukunst des 20. Jahrhunderts. Wiss. Buchgesellschaft Darmstadt 1990
Müller, Werner/Vogel, Gunther: Atlas zur Baukunst. 2 Bde., Deutscher Taschenbuch Verlag, München 1984
Mielsch, Harald: Die römische Villa. Architektur und Lebensform. C. H. Beck, München 1987
Borsi, Franco/Portoghesi, Paolo: Victor Horta. DVA, Stuttgart 1995
Le Corbusier: Ausblick auf eine Architektur. In: Conrads, Ulrich (Hrsg.): Programme und Manifeste zur Architektur des 20. Jahrhunderts. Birkhäuser, Biel-Benken, 1981
Krings, Ulrich: Bahnhofsarchitektur. Deutsche Großstadtbahnhöfe des Historismus. Prestel Verlag München 198
Gerkan, Meinhard von: Renaissance der Bahnhöfe als Nukleus des Städtebaus. In: Renaissance der Bahnhöfe. Ausstellungskatalog, Friedr. Vieweg & Sohn Verlagsges. Braunschweig/Wiesbaden 1997
Hüter, Karl-Heinz: Architektur in Berlin 1900–1933. Kohlhammer Verlag, Stuttgart 1988
Richter, Tilo: Erich Mendelsohns Kaufhaus Schocken. Jüdische Kulturgeschichte in Chemnitz. Passage-Verlag, Leipzig 1998
Klotz, Heinrich (Hrsg): Mies van der Rohe. Vorbild und Vermächtnis. Ausstellungskatalog des Deutschen Architekturmuseums Frankfurt, DAM Frankfurt und Ernst Klett Verlage GmbH und Co. KG, Stuttgart 1986
Grunsky, Eberhard: Zur Denkmalbedeutung der Stuttgarter Liederhalle, in: Denkmalpflege in Baden-Württemberg, 2/1987
Otto, Frei/Rasch, Bodo: Gestalt finden. Ausstellungskatalog der Villa Stuck, München 1992, Edition Axel Menges, 1995
Jencks, Charles: Architektur heute. Klett-Cotta, Stuttgart 1988
Klotz, Heinrich: Moderne und Postmoderne. Verlag Friedr. Vieweg &Sohn, Wiesbaden 1987
Treiber, Daniel: Norman Foster. Birkhäuser Verlag, Basel, Berlin, Boston 1992
Blaser, Werner (Hrsg.): Santiago Calatrava, Ingenieur-Architektur. Birkhäuser Verlag Basel, Berlin, Boston, 1990[2]
Piano, Renzo: Mein Architektur-Logbuch. Ausstellungskatalog zu „Out of the Blue. Renzo Piano Building Workshop", Bundeskunsthalle Bonn. Hatje-Cantz, Ostfildern-Ruit, 1997
Libeskind, Daniel: Jüdisches Museum Berlin. Mit einem Fotoessay von Hélène Binet, Verlag der Kunst, Dresden 1999
Libeskind, Daniel: „Offiziell heißt das Projekt ...". Nach einem Vortrag an der Universität Hannover vom 5. 12. 1989, veröffentlicht im Internet
Schweighöfer, Kerstin: Nur nicht in Schablonen denken. In: art 11/1999, Gruner+Jahr, Hamburg
Hadid, Zaha: Das Gesamtwerk. DVA Stuttgart 1998